中华精神家园

历史长河

战事演义

历代战争与著名战役

肖东发 主编 信自力 编著

中国出版集团

现代出版社

图书在版编目（CIP）数据

战事演义 / 信自力编著. — 北京：现代出版社，
2014.11（2019.1重印）
（中华精神家园书系）
ISBN 978-7-5143-3081-6

Ⅰ. ①战… Ⅱ. ①信… Ⅲ. ①战争史－中国 Ⅳ.
①E29

中国版本图书馆CIP数据核字(2014)第244993号

战事演义：历代战争与著名战役

主　　编：肖东发
作　　者：信自力
责任编辑：王敬一
出版发行：现代出版社
通信地址：北京市定安门外安华里504号
邮政编码：100011
电　　话：010-64267325 64245264（传真）
网　　址：www.1980xd.com
电子邮箱：xiandai@cnpitc.com.cn
印　　刷：北京密兴印刷有限公司
开　　本：710mm×1000mm　1/16
印　　张：11
版　　次：2015年4月第1版　2019年1月第2次印刷
书　　号：ISBN 978-7-5143-3081-6
定　　价：40.00元

党的十八大报告指出："文化是民族的血脉，是人民的精神家园。全面建成小康社会，实现中华民族伟大复兴，必须推动社会主义文化大发展大繁荣，兴起社会主义文化建设新高潮，提高国家文化软实力，发挥文化引领风尚、教育人民、服务社会、推动发展的作用。"

我国经过改革开放的历程，推进了民族振兴、国家富强、人民幸福的中国梦，推进了伟大复兴的历史进程。文化是立国之根，实现中国梦也是我国文化实现伟大复兴的过程，并最终体现为文化的发展繁荣。习近平指出，博大精深的中国优秀传统文化是我们在世界文化激荡中站稳脚跟的根基。中华文化源远流长，积淀着中华民族最深层的精神追求，代表着中华民族独特的精神标识，为中华民族生生不息、发展壮大提供了丰厚滋养。我们要认识中华文化的独特创造、价值理念、鲜明特色，增强文化自信和价值自信。

如今，我们正处在改革开放攻坚和经济发展的转型时期，面对世界各国形形色色的文化现象，面对各种眼花缭乱的现代传媒，我们要坚持文化自信，古为今用、洋为中用、推陈出新，有鉴别地加以对待，有扬弃地予以继承，传承和升华中华优秀传统文化，发展中国特色社会主义文化，增强国家文化软实力。

浩浩历史长河，熊熊文明薪火，中华文化源远流长，滚滚黄河、滔滔长江，是最直接的源头，这两大文化浪涛经过千百年冲刷洗礼和不断交流、融合以及沉淀，最终形成了求同存异、兼收并蓄的辉煌灿烂的中华文明，也是世界上唯一绵延不绝而从没中断的古老文化，并始终充满了生机与活力。

中华文化曾是东方文化摇篮，也是推动世界文明不断前行的动力之一。早在500年前，中华文化的四大发明催生了欧洲文艺复兴运动和地理大发现。中国四大发明先后传到西方，对于促进西方工业社会的形成和发展，曾起到了重要作用。

中华文化的力量，已经深深熔铸到我们的生命力、创造力和凝聚力中，是我们民族的基因。中华民族的精神，也已深深植根于绵延数千年的优秀文化传统之中，是我们的精神家园。

总之，中华文化博大精深，是中国各族人民五千年来创造、传承下来的物质文明和精神文明的总和，其内容包罗万象，浩若星汉，具有很强的文化纵深，蕴含丰富宝藏。我们要实现中华文化伟大复兴，首先要站在传统文化前沿，薪火相传，一脉相承，弘扬和发展五千年来优秀的、光明的、先进的、科学的、文明的和自豪的文化现象，融合古今中外一切文化精华，构建具有中国特色的现代民族文化，向世界和未来展示中华民族的文化力量、文化价值、文化形态与文化风采。

为此，在有关专家指导下，我们收集整理了大量古今资料和最新研究成果，特别编撰了本套大型书系。主要包括独具特色的语言文字、浩如烟海的文化典籍、名扬世界的科技工艺、异彩纷呈的文学艺术、充满智慧的中国哲学、完备而深刻的伦理道德、古风古韵的建筑遗存、深具内涵的自然名胜、悠久传承的历史文明，还有各具特色又相互交融的地域文化和民族文化等，充分显示了中华民族的厚重文化底蕴和强大民族凝聚力，具有极强的系统性、广博性和规模性。

本套书系的特点是全景展现，纵横捭阖，内容采取讲故事的方式进行叙述，语言通俗，明白晓畅，图文并茂，形象直观，古风古韵，格调高雅，具有很强的可读性、欣赏性、知识性和延伸性，能够让广大读者全面接触和感受中国文化的丰富内涵，增强中华儿女民族自尊心和文化自豪感，并能很好继承和弘扬中国文化，创造未来中国特色的先进民族文化。

2014年4月18日

出奇制胜——上古时期

以计制胜的复国之战　002

汤武革命的鸣条之战　008

以少胜多的牧野之战　015

后发制人的长勺之战　021

退避三舍的城濮之战　027

攻其必救的桂马之战　034

包围歼灭的长平之战　041

韬略为王——中古时期

048　破釜沉舟的钜鹿之战

053　出奇制胜的井陉之战

059　分进合击的垓下之战

064　长途奔袭的漠北之战

071　奇兵偷袭的官渡之战

076　巧用火攻的赤壁之战

082　以弱胜强的淝水之战

088　完成统一的建康之战

094　积极防御的太原之战

风云之战——近古时期

罢战言和的澶州之战　100

江河防御的采石之战　105

历时六年的襄樊之战　113

决定兴亡的崖山海战　122

决胜千里——近世时期

128　解除威胁的北京保卫战

137　第一次反侵略的抗倭之战

145　重要转折点的萨尔浒战役

150　消除割据的平定三藩之战

157　弭叛息乱的噶尔丹之战

先秦是我国历史上的上古时期。在先秦众多战争中，以诡诈为特点的战争现象已露出端倪，并逐渐走向了成熟。

如鸣条之战、牧野之战、长勺之战、城濮之战、桂陵和马陵之战、长平之战等，都在不同侧面、不同程度上体现了诡诈作战的基本特点：避实就虚、出奇制胜、设伏诱敌、奇正相生等。

这种战争指导思想和作战艺术的形成，和先秦时期的诸侯争霸背景是分不开的。战争是政治的延续，先秦时期战争的特点，恰恰体现了时代文化特色。

出奇制胜

上古时期

以计制胜的复国之战

■ 少康画像

少康是我国夏朝的第六代天子，其父相被敌对的寒浞派人杀死。

少康是遗腹子，他凭借个人魅力，得到有仍氏、有虞氏的帮助，广施德政而得到夏后氏遗民的拥护。

经过周密的策划，少康通过用间等手段，以弱胜强，最终战胜寒浞父子，成功复国，夺回了夏王室政权。史称"少康中兴"。因此，少康是一位有作为的君王。

■ 夏代出行马车

　　夏王太康时期，太康终日田猎，不理民事，国力日衰。一次，他游猎于洛水（今河南境内），竟然十旬不归，引起民众的极大不满。于是，东夷有穷氏部族首领后羿，率领部族军乘虚夺取夏王室政权，拒绝太康回都。

　　后羿代夏之后和太康一样不修民事，自恃其善射而终日田猎游玩，置贤臣武罗、伯因、熊髡、龙圉等人的意见于不顾，而任用谗臣寒浞。

　　寒浞是寒国伯明氏的后代，因挑拨离间，花言巧语的恶行被驱逐，后来，有穷氏的后羿收留了他，还信任他并加以重用。

　　得此机会，寒浞一方面收罗、培植自己的势力，一方面使后羿醉心于田猎而忘返。最后，当时机成熟时，与后羿之妻共同谋划，在后羿田猎将归之时，策动家众将后羿除掉。

后羿 又称"夷羿"，是夏代东夷族有穷氏首领、有穷国国君，他也是一个射术高超的英雄。夏王仲康死后，其子相继位。不久，后羿驱逐了相，篡夺了夏朝王位，是为夏朝第六任帝王，后被家臣寒浞所杀。这里的后羿不是神话传说中的后羿。

■ 寒浞画像

寒浞灭后羿时，曾为后羿所用的夏遗臣靡逃到有鬲氏（今山东省德州市东南）。从此，寒浞代夏。

太康失国后不久死去，族人立其弟仲康，后流落于洛水附近，仲康死，其子相被立，相在后羿的追杀下，逃往帝丘（今河南濮阳），依附于同姓之诸侯于斟鄩氏以及斟灌氏。

寒浞有浇、豷二子，他为防止夏的相势力复兴，命浇率军进攻斟灌氏、斟鄩氏，最后消灭了相。然后，寒浞封浇于过（今山东莱州西北）；封豷于戈（今河南中部）。

当寒浞攻杀相时，相的妻子后缗氏东逃到鲁西南母家有仍氏之地，生下了遗腹子少康。

少康长大后，做了有仍氏的牧正（专管放牧的官）。寒浞的儿子浇继续追杀少康，少康就逃到了有虞氏（今河南虞城县西南），在这里做了庖正（掌管饮食的官）。

有虞氏首领虞思将两个女儿嫁给少康，并把他们安置在纶邑（今河南商丘地区夏邑县），给他们土地和人民。《左传·哀公元年》中记载说，少康这时"有田一成、有众一旅"。在当时，方圆10里为成，500人为一旅。从此，少康有了稳定的根据地。

后缗氏 夏朝第五代君王相的妻子，有仍国首领有仍氏的女儿。公元前2002年，相被寒浞的儿子浇所灭，当时后缗氏已经怀孕，她从墙洞中爬了出来，逃至母家有仍氏，始免于难，后来生下遗腹子少康。少康后来成功复国。

有了方圆10里之地和500之众，少康开始谋划复国。他和逃亡到有鬲氏的夏臣靡建立了联系，收抚斟灌氏、斟鄩氏逃散的族人，抚恤招纳散亡的夏遗民旧部，加以组织和训练，建立了一支精锐的复国大军。

在管理纶邑期间，少康关心百姓疾苦，与部下一起耕耘、狩猎、习武，深受部下的拥戴。在安抚人心的同时，他还经常向百姓讲述先祖夏禹的功德，鼓舞士兵和争取人们对其复国的支持。

少康一直把夺回夏王室政权记在心上。但是仅凭一小片土地和500人要想复仇绝非易事，少康思来想去，想到了使用间谍。

少康把自己的想法对仆人女艾说了，让她打入浇的势力内部刺探情报。女艾欣然赴行。随后，少康又派自己的儿子季杼想办法诱杀寒浞之子豷。女艾

虞思 姚姓，商均之子，被封于虞（今陕西商县）。曾为少康提供避难场所，使少康有了一块稳定的根据地，最终得以复国。虞思的后裔遏父，又称瘀父、阏父，做陶的本领首屈一指，在西周时担任了周族陶正之官。

■ 后羿雕塑

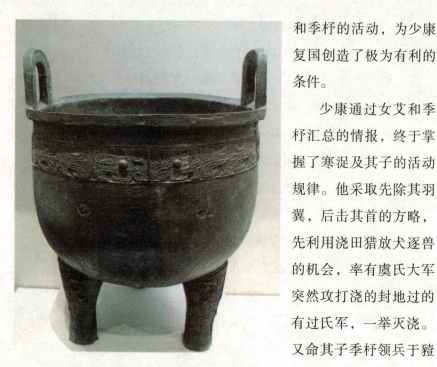

■ 夏朝象征权力的鼎

夏禹 姒姓夏后氏，名文命，号禹，后世尊称大禹，是黄帝轩辕氏玄孙。通过禅让制得到帝位，传说是夏后氏部落的首领，是子承父位、我国奴隶制的创始人。他的功绩还有治理洪水，"大禹治水"的故事为千古传颂。

和季杼的活动，为少康复国创造了极为有利的条件。

少康通过女艾和季杼汇总的情报，终于掌握了寒浞及其子的活动规律。他采取先除其羽翼，后击其首的方略，先利用浇田猎放犬逐兽的机会，率有虞氏大军突然攻打浇的封地过的有过氏军，一举灭浇。又命其子季杼领兵于豷的戈地击败了豷军。

少康剪除了寒浞的两翼，又率领大军从根据地起兵，发动了对寒浞的大举进攻。夏军沿黄河一路挺进河洛地区，直指夏故都斟鄩，攻入寒浞的巢穴。

寒浞曾顽固抵抗，但为时已晚，最终被少康捉住，被绑住拖到靡面前。靡历数寒浞各项罪状。少康将他处死。接着，少康在老臣靡的协助下，乘胜追击，横扫寒浞残余势力。

天下初定后，靡和许多夏遗民一致拥立少康为帝。少康回到夏的初都阳翟（今河南禹州），夺回了夏王朝政权。

少康还朝后，勤于政事，采取了一系列休养生息的政策。他勤政爱民，专心农业水利，社会经济得到了长足发展，夏出现了中兴的大好局面。

少康在位46年，是夏代诸王中在位时间最久的君主。他曾经创造的那份辉煌，已经写入了中华民族灿烂的历史长卷。

少康在复国的过程中，运用了卓越的政治智慧。

少康在国破家亡后四处漂泊，备受苦难。他生于异乡，没有受过父辈的教诲，没有强大、贴近的亲人，生在背井离乡的战乱之中，流离失所。

后羿、寒浞先后代夏，夏代祖先的遗业，对少康来说已很渺茫。但是他能在艰辛坎坷的丧乱之际，胸怀远大志向，不忘奋斗。

少康利用女艾和季杼进行间谍的活动说明，善于运用谍报对于一个集团来说是很重要的。可以说，没有女艾、季杼等人的情报搜集工作，他是很难在信息十分闭塞的情况下做到知己知彼，并最终取得胜利的。

同时，少康在军事上重视谋略，对寒浞窃国集团，采用先除羽翼，后击其首的方略，终于以弱胜强、夺回了夏王朝政权。少康具备了这样的远见卓识，表明他确实是一位出色的政治家。

阅读链接

女艾是少康手下一位忠心耿耿的仆人。她不仅对少康忠贞不二，而且智勇双全。她为了帮助少康夺回王位，乔装打扮来到寒浞的儿子浇统辖的地方，并取得了浇的信任。

在浇这里，女艾打探消息，了解民情，源源不断地把浇的情况报告给少康，为少康提供了宝贵的情报。并为少康拟定了灭浇的行动计划，终于一举消灭了浇。少康回到故园，恢复了夏王朝政权。

女艾由此成为我国历史上第一位女间谍，而且也是世界上最早有记载的一位女间谍。

汤武革命的鸣条之战

鸣条之战是汤灭夏的战争，大约发生在公元前1600年。在商灭夏的战争中，汤率领商部落士兵与夏军在鸣条进行了一场决战。

这场战争成为夏王朝灭亡的转折点，从此，汤建立了我国的第二个王朝，即商朝。

鸣条之战是我国古代通过"伐谋""伐交""伐兵""用间"的全面运用，最终达到战争速胜的战例。

■ 商代开创者汤

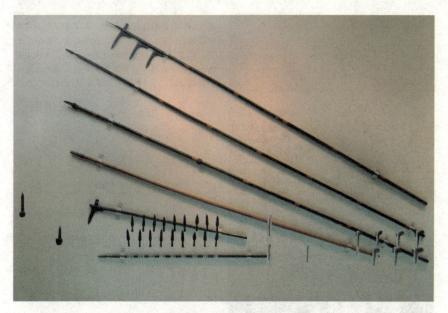

古代兵器

夏朝在桀即位以后，把国都迁到了太康住过的斟
鄩。桀很聪明，无论什么东西，很快就能学会，但
他只把聪明用在吃喝玩乐上；他很勇武，力气大得能
把铜钩扳直，把鹿角折断，但他却把劲头使在游猎征
战上。

有位大臣实在为夏朝的命运担心，就进宫边哭边
劝道："大王，如果再这样下去，我们的国家就要灭
亡了！"

桀却说："我拥有天下，就好比天上有太阳一
样。如果太阳能从天上消失，或许我才会亡国。"

夏政每况愈下，而此时由殷迁至亳的商族，在其
首领汤的率领下逐渐强大起来。

汤当商族首领时，商人只有35平方千米那样大的
一小块地盘，但汤励精图治，奋发图强。他在自己日
常使用的一个铜盘上，刻了"苟日新，日日新，又日

汤（？—约前
1588），子姓，名
履，庙号太祖，
为商太祖，河南
商丘人。商朝
的创建者，公元
前1617年至公元
前1588年在位，
在位30年，其中
17年为夏朝商国
诸侯，13年为商
朝国王。今人多
称商汤，又称武
汤、天乙、成
汤、成唐，甲骨
文称唐、大乙，又
称高祖乙，商人
部落首领。

■ 伊尹 是商初大臣。生于伊洛流域古有莘国的空桑涧。伊尹一生对我国古代的政治、军事、文化、教育等多方面都做出过卓越贡献，是位杰出的思想家、政治家、军事家。是我国历史上第一个贤能相国、帝王之师，亦是中华厨祖。

新"几句话，表示要天天进取，不断进取。

汤很关心民众的疾苦，他说："人看水才能照出自己的影子，一个国家只有观察民众的情况，才能知道治理的好坏。"

以民众生活作为施政得失的标准，无疑会使国家昌盛、发达起来，所以商族在汤时代，实力迅速得到了增强。

汤很重视人才，有才德的人，不论其出身贵贱，皆可以被重用。伊尹和仲虺就是他的左右手，一个出身低微，一个出身贵族，都被汤任命为相国。

仲虺的祖先世代在夏代做官，很有地位，因见不满桀而投奔了汤，汤早就知道他的才能，遂任命其为左相。伊尹为有莘国的奴隶，汤娶有莘国国君女儿时，他作为陪嫁跟随了汤。

伊尹在向汤进献饭菜食物时，趁机向他讲述如何治国安邦、统一天下的道理。汤觉得伊尹很有本事，就把他从奴隶中提拔出来，作自己的助手，任命其为右相，地位更在仲虺之上。

汤重才的名声传扬开来，不少有才能的人纷纷前

诸侯 是古代中央政权所分封的各国国君的统称。周代分公、侯、伯、子、男五等，汉朝分王、侯二等。周制，诸侯名义上需服从王室的政令，向王室朝贡、述职、服役，以及出兵勤王等。汉代时诸侯国由皇帝派国相或长吏治理，王、侯仅食赋税。

来投奔，商汤如虎添翼。

夏桀看见商在汤的治理下很快强大起来，就任命汤为方伯，即东方诸侯长，还授予他掌有讨伐诸侯的权力，可代自己执行"王命"。夏桀的本意是想笼络汤，却没想到正好为汤提供了扩大势力、剪除异己的方便条件。

汤为推翻夏朝，进行了深远谋划和长期准备。他首先利用中原百姓崇拜天帝的宗教思想，广布仁德，以争取人民的拥护。在征伐葛国时，汤就是这样做的。

与汤地盘的西边紧紧相邻的是葛国，它横亘在汤通向夏的要道上。葛国的葛伯对汤怀有敌意，不服从商而忠于夏桀，作风也与桀相同，不理国政。葛国在他的统治下，各方面都搞得十分糟糕。葛伯由于无心治理国家，连天地鬼神也不愿意祭祀。

当时的人们都很迷信，认为天地鬼神都是主宰人命运的，必须经常用牛羊和稻谷去祭祀他们。

葛伯不祭神灵，这在当时人们心目中是犯了不可饶恕的弥天大罪。汤看准了这一点，就派兵把葛国灭了。

为了安抚葛国的民心，汤又从自己管辖的地方运

方伯 古代诸侯中的领袖之称，称一方之长。殷周时代，天子在分封的诸侯国中，委任王室功臣、懿亲为诸侯之长，代表王室镇抚一方，称为"方伯"。至春秋时代，诸侯漫无统纪，起而互相兼并，进而发展成为了大国争霸，形成了取代王权的霸主政治，又称"方伯政治"。

葛国 夏代封国之一，位于今河南省宁陵县葛伯屯。此地以"葛伯之乐"闻名于商、周，是历史记载葛氏得姓的源发之地。夏属葛国被汤所灭。

■ 商代青铜剑

夏桀 又名癸、履癸。夏朝第十六代君主发之子。夏朝的一位帝王，在位52年。商汤把他谥号"桀"，即凶猛的意思。夏桀文武双全，但荒淫无度，暴虐无道。后被商汤击败，在今山西省安邑县西的重镇鸣条被商汤击败，最后病死。夏朝灭亡。

■ 象征王权的鼎

来大批粮食救济葛国平民，并组织他们开荒种地，让他们只向商国交纳收成的十分之一。

这一系列的富民政策，不仅使汤获得了实际利益，而且对周围的邻国也产生了巨大的影响，归顺汤的诸侯日益增多。

汤在征伐葛国的同时，为不让夏桀对自己起疑心，还让伊尹去夏桀处供职。

伊尹带着贵重的礼品去拜见夏桀，并告诉他，汤绝没有谋反之心。夏桀看见那么多礼物高兴极了，连声称赞汤的忠心，并把伊尹留在朝内。

伊尹则利用这个机会，仔细观察夏政，调查中原地形，并在夏臣中宣传商汤的好处，对他们进行策反。有了伊尹，商汤对夏桀的一举一动，都了如指掌。

汤灭葛以后，便开始了大规模的铲除夏桀党羽的战争。最后只剩下韦国和顾国两个死心塌地跟着桀的诸侯国。这两个小国都在汤伐桀的进军路上。于是，汤伐桀时，先灭掉了这两国，然后挥军直逼夏的都城斟鄩。

■ 古代武士俑

公元前1600年，汤终于兴兵伐夏了。会战开始之前，商汤召集了参加会战的商军和前来助商伐夏的诸侯、方国的军队，宣读了一篇伐夏的誓词。这就是《尚书》中的《商汤誓》。

在誓词中，商汤揭露了夏王朝政治的黑暗和夏桀的残暴，声称要替天行道，代表天意去讨伐他。《商汤誓》是商汤在鸣条会战前的动员令，极大地振奋了士气。

誓师后汤简挑选良车70乘，士兵5000人，联合各地军队，采取战略大迂回策略，绕道至夏都以西突袭夏都。

桀仓促应战，西出抵挡，同汤的军队在鸣条展开战略决战。在决战中，汤军奋勇作战，一举击败了桀的主力部队，桀败退归依属国三朡。

汤随后又乘胜攻灭了三朡，桀率少数残部逃往南

顾国 据《元和姓纂》和《唐书·宰相世系表》等所载，相传帝颛顼有个孙子叫吴回。吴回有个孙子名樊，赐己姓，封在昆吾国，后代便是昆吾氏。夏代时，昆吾氏有子孙被封于顾国，世称顾伯，是夏的重要同盟国之一。夏末顾国被商汤攻灭。

商代青铜戈

巢（今安徽省巢湖市），不久病死。汤回师西亳，在这里召开了有众多诸侯参加的"景亳之命"大会，得到3000诸侯的拥护，取得了天下之主的地位。从此夏代宣告灭亡。

鸣条之战是我国军事历史上一篇辉煌的杰作。它是我国古代通过"伐谋""伐交""伐兵""用间"的全面运用，最终达到战争速胜的最早的成功战例。对后世战争的发展、军事理论的构筑，都产生过相当深远的影响。

阅读链接

据说，有一次，汤看见一个人四面张着罗网，跪在地上祈祷："天上的和地上的所有猎物，都快快收进我的罗网吧！"

他便走到那个人的面前说："你这不是和夏桀一样，要把世上万物都一网打尽吗？"

汤替他收掉了三张网，只留下一面，并教那人重新祈祷说："想往左的，就往左；想往右的，就往右；不听命令的，才进我的罗网。"这就是商汤"网开一面"的故事。

周围各小国诸侯一看商汤对鸟兽都这么友好，就大都归顺了商。

以少胜多的牧野之战

牧野之战是周武王灭商之战，时间大约在公元前1046年。此战是我国古代车战初期的著名战例，它终止了殷商王朝的六百年统治，确立了周王朝对中原地区的统治秩序，为西周礼乐文明的全面兴盛开辟了道路。

此战例所体现的战争谋略和作战艺术，对古代军事思想的发展具有不可低估的意义。

而周文王为牧野之战的展开、"翦商"大业的完成，为周王朝的建立与兴盛，奠定了非常坚实的基础，开创了古代历史的新时代。

■ 周文王画像

■ 牧野之战绘画

商汤所建立的商王朝，历经初兴、中衰、复振、全盛、衰落诸阶段后，到了商纣王帝辛即位时期，已步入了全面危机的深渊。

与日薄西山、奄奄一息的商王朝形成鲜明对比的是商的西方属国周的国势正如日中天、蒸蒸日上。周国经过公刘、古公亶父、王季等人的积极经营，迅速强盛起来，其势力深入江、汉流域。

周文王姬昌即位后，为牧野之战的展开、灭商大业的完成，奠定了坚实的基础。

周文王在政治上修德行善，裕民富国，广罗人才，发展生产，造成"耕者九一，仕者世禄，关市讥而不征，泽梁无禁，罪人不孥"的清明政治局面。他的"笃仁、敬老、慈少、礼下贤"政策，赢得了人们的广泛拥护，巩固了内部的团结。

在修明内政的同时，他向商纣发起了积极的政治、外交攻势。他请求商纣免去严刑，还公平地处理了虞、芮两国的领土纠纷，又颁布搜索逃亡奴隶的法

周文王姬昌
（前1152—前1056），黄帝后裔。商纣王统治时，他被封为西伯，亦称伯昌。他治理岐山50年，使岐山政治和经济得到了极大发展。其子姬发得天下后，追尊他为"周文王"。孔子称他为"三代之英"。

令，保护奴隶主们的既得利益。

通过这些措施，周文王扩大了政治影响，瓦解了商朝的附庸国，取得了外交斗争的重大胜利。

在各方面准备工作基本就绪之后，周文王在姜尚的辅佐下，制定了正确的伐纣军事战略方针。其第一个步骤，就是翦商羽翼，对商都朝歌形成战略包围态势。

为此，周文王首先向西北和西南用兵，相继征服犬戎、密须等方国，消除了后顾之忧。接着，组织军事力量向东开展，东渡黄河，先后翦灭黎、邘、崇等商室的重要属国，打开了进攻商都朝歌的通路。

至此，周已处于"三分天下有其二"的有利态势，伐纣灭商只不过是一个时间问题了。

周文王在完成翦商大业前夕逝世，其子姬发继位，为周武王。他即位后，继承其父遗志，遵循既定的战略方针，并加紧予以落实。

在当时，商纣王已感觉到周对自己构成的严重威胁，决定对周用兵。然而这一拟定中的军事行动，却因东夷族的反叛而化为泡影。为平息东夷的反叛，纣王调动部队倾全力进攻东夷，结果造成西线兵力的极大空虚。

与此同时，商朝统治集团内部的矛盾呈现白炽化，商纣王饰非拒谏，肆意妄为，残杀王族重臣比干，囚禁箕子，逼走微子。周武王、姜尚等人遂把握这一有利战机，决定乘虚蹈隙，大举伐纣，志求一战而胜。

■ 纣王 （约前1105—前1046），即帝辛，名受，后世人称殷商纣王。为帝乙少子，其母为正后。后世对他评价褒贬不一，更多的人称他为"暴君"，后被姬昌所灭。

■ 周武王（约前1087—约前1042），周文王次子。谥号"武"。西周时青铜器铭文常称其为"珷王"。史称"周武王"。他继承父亲遗志，灭掉商代，夺取全国政权，建立了西周王朝，表现出卓越的军事和政治才能，成为了我国历史上的一代明君。

公元前1046年正月，周武王统率兵车300乘，虎贲3000人，甲士4.5万人，浩浩荡荡东进伐商。同月下旬，周军进抵孟津，在那里与反商的庸、卢、彭、濮、蜀、羌、微等部落的部队会合。

牧野 古地名，在今新乡市北部，包括新乡市所辖凤泉区、卫辉、获嘉等地。牧野原非专有名词，这里是相对于殷都朝歌而言的。从朝歌城由内向外，分别称作城、郭、郊、牧和野。

周武王利用商地人心归周的有利形势，率本部及协同自己作战的部落军队，于正月二十八由孟津冒雨迅速东进。从汜地渡过黄河后，兼程北上，至百泉折而东行，直指朝歌。周师沿途没有遇到商军的抵抗，故开进顺利，仅经过六天的行程，便于二月初四拂晓抵达牧野。

周军进攻的消息传至朝歌，上下一片惊恐。商纣王无奈之中只好仓促部署防御。但此时商军主力还远在东南地区，无法立即调回。于是只好武装大批奴隶，连同守卫国都的商军，由自己率领，开赴牧野迎战周师。

鹿台 商纣王所建的宫苑建筑，是殷纣积财处。地点应在淇县城西太行山东麓。史书记载："厚赋税以实鹿台之钱。"纣建鹿台七年而就，工程之大不言而喻。周武王伐纣时，商纣王逃至鹿台，自焚而死。

二月初五凌晨，周军布阵完毕，庄严誓师，史称"牧誓"。周武王在阵前声讨纣王听信宠姬谗言，招诱四方的罪人和逃亡的奴隶，暴虐地残害百姓等诸多罪行，从而激发起从征将士的敌忾心与斗志。

接着，周武王又郑重宣布了作战中的行动要求和军事纪律：每前进六七步，就要停止取齐，以保持队形；每击刺四五次或六七次，也要停止取齐，以稳住阵脚。严申不准杀害降者，以瓦解商军。

誓师过后，商军亦至，周武王即下令向商军发起总攻。他先让姜尚率领一部分精锐突击部队向商军挑战，来牵制迷惑敌人，并打乱其阵脚。

商军中的奴隶和战俘早已心向周武王，见周军临近，便纷纷起义，掉转戈矛，帮助周帅作战。

周武王乘势以主力猛烈冲杀敌军。于是，商军十几万之众顷刻土崩瓦解。

纣王见大势尽去，于当天晚上仓皇逃回朝歌，登上鹿台自焚而死。

周军乘胜追击，攻占朝歌。尔后，周武王分兵四出，征伐商朝各地诸侯，肃清殷商残余势力。

周军取得牧野之战的彻底胜利绝非偶然。首先是周文王、周武王长期正确运用"伐谋"和"伐交"策略的结果。它起到了争取人心，翦敌羽翼，麻痹对手，建立反商统一战线的积极效果。

戈　我国先秦时期一种主要用于勾、啄的格斗兵器。流行于商至汉代。其受石器时代的石镰、骨镰或陶镰的启发而产生，原为长柄，平头，刃在下边，可横击，又可用于勾杀，后因作战需要和使用方式不同，戈便分为长、中、短3种。

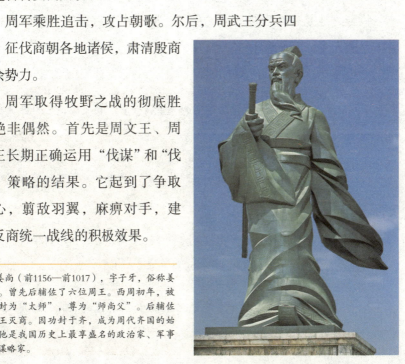

■ 姜尚（前1156—前1017），字子牙，俗称姜太公。曾先后辅佐了六位周王。西周初年，被姬昌封为"太师"，尊为"师尚父"。后辅佐周武王灭商。因功封于齐，成为周代齐国的始祖。他是我国历史上最享盛名的政治家、军事家和谋略家。

其次是做到了正确选择决战的时机，即乘商师主力远征东夷未还，商王朝内部分崩离析之时，果断地统率诸侯联军实施战略奔袭，从而使敌人在战略、战术上均陷于劣势和被动，无暇作有效的抵抗。

再次，适时展开战前誓师，历数商纣罪状，宣布作战行动要领和战场纪律，鼓舞士气，瓦解敌人。

最后，在牧野决战的作战指挥上，善于做到奇正并用，予敌以巧妙而猛烈的打击，使之顷刻彻底崩溃。

商纣王之所以迅速败亡，根本原因自然是因为殷商统治集团政治腐朽，导致丧尽民心，众叛亲离；其次是对东方进行长期的掠夺战争，削弱了力量，且造成军事部署的失衡；再则殷商统治者对周人的战略意图缺乏警惕，放松戒备，自食恶果；还有在作战指挥上消极被动，无所作为。加上军中那些临时仓促征发的奴隶阵上起义，反戈一击，其一败涂地也就不可避免了。

牧野之战是一个以少胜多的例子，同时也使后世的人明白：打仗并不是靠人多，而是靠士气。

阅读链接

周武王伐纣前，有人对周武王说："商王无道，百姓都在发牢骚，我们是否要讨伐他？"

周武王说："再等等。"

不久又有人对周武王说："商王无道，百姓破口大骂，是否应该讨伐？"

周武王说："再等等。"

后来又有人对周武王禀报说："商朝百姓都不再说话了，百姓路上见面都低头而过，面带恐惧。"

周武王拍案而起，下诏即刻讨伐纣王。结果周军所到之处，商的百姓和士兵纷纷投诚反戈。周武王在牧野一战而胜，商灭亡。

后发制人的长勺之战

长勺之战是春秋初年齐鲁两个诸侯国在长勺进行的一场车阵会战，发生于公元前684年春天。长勺之战是齐桓公争霸斗争史上一次少有的挫折，也是鲁齐长期斗争中鲁国的一次罕见的胜利。它对齐桓公调整完善自己的争霸战略方针具有一定的影响。

长勺之战的规模虽然不大，但它却正确地反映了弱军对强军作战的基本规律。

曹刿所论述的战术原则，为我国后世后发制人防御反击战略思想的形成提供了宝贵借鉴。

■ 齐国君主齐桓公雕像

战事演义

历代战争与著名战役

管仲（约前723或前716—前645），名夷吾，史称管子。春秋时期齐国著名政治家、军事家，周穆王后代。谥"敬仲"。辅佐齐桓公成为春秋时期第一霸主，有"春秋第一相"之誉。有《管子》一书传世。

自公元前770年周平王东迁洛邑起，我国历史进入了诸侯兼并、大国争霸的春秋时期。

齐国和鲁国都是西周初年分封的重要诸侯国，又互相毗邻，在当时的动荡局面下，不免发生各种矛盾，而矛盾冲突的激化，又势必造成两国间兵戎相见的结果，长勺之战正是这一特殊历史条件下的产物。

当时的鲁国，即今山东省西南部地区，都城曲阜，它较多地保留了宗周社会的礼乐传统，在春秋诸国中，疆域和国力均处于相对的劣势。

至于齐国，则是姜尚的封地，辖有今山东省东北部地区的广大地域，都城临淄。那里土地肥沃，又富渔盐之利，姜尚立国后，推行因地制宜、发展经济，以及礼法并用等一系列正确政策，因而经济发达，实力雄厚，自西周至春秋，一直是东方地区首屈一指的大国。

公元前686年冬，齐国宫廷内部发生了一场动乱。齐襄公的堂弟公孙无知杀死齐襄公，自立为君。几个月后，齐臣雍廪又杀死了公孙无知，这样，齐国的君位便空置了起来。

周平王（约前781—前720），姬姓，名宜臼，东周第一代王。周平王时，周的国力已衰，军力不振，经济困难，大片土地已分封给诸侯国，尤其是宗周一带的故土都给了秦国，周王直接控制的地盘越来越小了。周天子号令天下的时代一去不复返了。

公子小白捷足先登，入国继承了君位，他就是历史上赫赫有名的齐桓公。谋臣管仲也到了齐桓公的手下，后来成为齐桓公霸业的重要奠基者。

鲁国的所作所为，导致齐鲁之间矛盾的进一步激化，齐桓公本人对此更是耿耿于怀，不肯善罢甘休，终于酿成了长勺之战的爆发。

公元前684年春，齐桓公在巩固了君位之后，不顾管仲的谏阻，决定兴师伐鲁，企图一举征服鲁国，向外扩张齐国的势力。

当时鲁国执政的是鲁庄公，他闻报齐军大举来攻，决定动员全国的力量，同齐军一决胜负。

就在鲁庄公准备发兵应战之时，鲁国有一位名叫曹刿的人，他不忍心看到自己的国家遭受齐国军队的蹂躏，因而入见鲁庄公，要求参与战事。

曹刿询问鲁庄公依靠什么同齐国作战。鲁庄公认

齐襄公（？—前686），姓姜名诸儿，齐僖公禄父之子。春秋时齐国第十四位国君。他在位期间，国力渐强，曾攻伐卫国、鲁国、郑国，也曾联合宋、鲁、陈、蔡四国共同伐卫，诛杀卫国左右公子，使卫惠公得以复辟。

■ 齐国古城

为，把衣物食品之类的东西分赐给臣下，不独自享用，就能取得此战胜利。

曹刿指出，这样做不过是小恩小惠，不能施及全国，民众是不会出力作战的。

鲁庄公强调，自己对神明很虔敬，祭祀天地的祭品从不敢虚报，很守信用。但曹刿认为，对神守点小信，未必能感动神明，神也是不会降福的。鲁庄公又补充道，自己对待民间的大小狱讼，虽然不能做到明察秋毫，但是必定准情度理地予以处理。

曹刿这时才表示赞同，认为这是尽到了君主的责任，为老百姓办了好事，具备了同齐国决一胜负的基本条件。

曹刿见鲁庄公明白了治国治军之道，就请求随同鲁庄公奔赴战场。鲁庄公允诺了他的这一请求，让他和自己同乘一车前往长勺。

在长勺，鲁齐两国的军队都摆开了决战的态势。待布阵完毕后，鲁庄公准备传令擂鼓出击齐军，希望能够先发制人。

曹刿见状急忙加以劝止，建议鲁庄公坚守阵地，以逸待劳，伺机破敌。鲁庄公接受了曹刿的这一建

战事演义

历代战争与著名战役

祭品 即祭祀时用的物品。根据不同种族和不同地域，祭品的形式十分丰富，有动物如猪、牛、羊、鸡，也有植物，还可以是衣物等物品。在远古时代和愚昧时代，甚至有拿活生生的人作为祭品；暴政时期也曾出现过用活人陪葬与祭祀的情况，十分残忍。

议，暂时按兵不动。齐军方面求胜心切，凭恃强大的兵力优势，主动向鲁军发起猛烈的进攻。但接连三次出击，都在鲁军的严密防御之下遭到了挫败，反而造成自己战力衰落，斗志沮丧。

曹刿见时机已到，建议庄公果断进行反击。鲁庄公听从他的意见，传令鲁军全线出击。鲁军于是凭借高昂的士气，一鼓作气，迅猛英勇地冲向敌人，冲垮齐军的车阵，大败齐军。

鲁庄公见到齐军败退，急欲下令发起追击，又被曹刿所劝阻。曹刿下车仔细察看，发现齐军的车辙的痕迹紊乱；又登车远望，望到齐军的旗帜东倒西歪，判明了齐军确是败溃，这才建议鲁庄公实施追击。

鲁庄公于是下令追击齐军，进一步重创齐军，将其赶出了鲁国国境。至此，鲁军取得了长勺之战的最终胜利。

战争结束后，鲁庄公向曹刿询问是役取胜的原委。

曹刿回答说："用兵打仗所凭恃的是勇气。第一次击鼓冲锋时，士气最为旺盛；第二次击鼓冲锋，士气就衰退了；等到第三次击鼓冲

■古代战争蜡像

锋，士气便完全消失了。齐军三通鼓罢，士气已完全丧尽，相反我军士气却正十分旺盛，这时实施反击，自然就能够一举打败齐军。"

接着，曹刿又说明未立即发起追击的原因：齐国毕竟是实力强大的国家，不可等闲视之，而要谨防其佯败设伏，以避免己方不应有的失利。后来看到他们的车辙紊乱，望见他们的旌旗歪斜，这才大胆地建议实施战场追击。

曹刿的一番话，说得鲁庄公心悦诚服，点头称是。立即拜曹刿为大夫，并把女儿嫁给曹刿。

鲁庄公在战前进行了"取信于民"的政治准备，为展开军事行动创造了有利的条件。

在作战中，鲁庄公能虚心听取曹刿的正确作战指挥意见，遵循后发制人、敌疲我打、持重相敌的积极防御、适时反击的方针，正确地选择战场，正确地把握反攻和追击的时机，从而牢牢地掌握了战争的主动权，赢得战役的重大胜利。

长勺之战一直为历代兵家所称道。"曹刿论战"成为流传千古的经典。

阅读链接

长勺之战遗址，在今山东莱芜杓山寨西侧的开阔地带。南、北、东三面环山，地形平缓，极易布阵。此地也因为历史上那次有名战争而载入史册，名闻遐迩。

由于长勺所在的莱芜地区是齐鲁文化的重要发祥地，古迹众多。境内除了有"长勺之战"遗址外，还有保存较好的比秦代万里长城还早400多年的齐长城，齐鲁夹谷会盟遗址，底蕴深厚的矿冶历史文化，规模宏大的莱芜战役纪念馆，生动地再现了莱芜大地的千年风采。

退避三舍的城濮之战

城濮之战是我国春秋时期晋楚争霸中原的一次具有决定意义的战争，战役时间是公元前632年。当时晋国正确分析客观形势，避楚锋芒，退避三舍，诱敌深入，合兵突击，取得了决战胜利。

晋军的"退避三舍"是晋文公以谋略胜敌的重要的一着妙棋，它在政治上争得了主动，在军事上造就了优势。

此战的"退避三舍"方针，是我国古代军事思想的重要发展。

城濮之战后，周襄王正式命晋文公为侯伯。晋国终于实现了"取威定霸"的政治、军事目标。

■ "退避三舍"方针的提出者晋文公雕像

■ 楚成王（？—前626），熊氏，姓芈，名恽。楚周文王之子，他于公元前672年成为楚国国君。他在位45年，于公元前638年，在泓之战中战败宋襄公，称雄中原。

春秋时期，楚国通过扩张，基本上征服了中原地区的各个弱小国家。正在楚国分派重兵防守商密阻止秦国南下楚地，又派重兵驻守谷邑虎视齐国之时，宋国却与晋国联盟，既给欲图霸业的楚国当头一棒，又鼓励了晋文公赶走楚国，图霸中原的抱负。这样，一场牵动着晋、齐、秦、楚的多国大战即将拉开序幕。

楚成王由于宋国背叛，便发兵攻占了宋国的缗邑。这时卫国派来使臣告急求救，说晋不出兵援宋，反而集兵于卫、齐、曹、鲁四国边界战略要地，并严重威胁着卫国首都楚邱的安全。

楚成王听说卫国被困，就留下元帅成得臣等一班将领继续围宋，亲自率领中军前去救卫。

这时，晋军元帅先轸提出了对楚战略良策：第一，让宋国以重礼贿赂齐、秦，使他们干预宋楚战争，从中调解；第二，将曹国、卫国的土地赐给宋国，弥补宋国的损失，激励宋国军民斗志，继续坚守待援。

先轸认为，曹、卫是楚国的势力范围，楚国是不会允许齐、秦插手的，这样就会惹恼了齐、秦。再加

中原 为中华民族、中华文明、中原文化的发源地，位于万里母亲河黄河两岸，千里太行山脉、千里伏牛山脉东麓，在古代被华夏民族视为天下中心。广义的中原是以中原洛阳、开封、商丘、安阳、郑州、南阳、许昌等七大古都群为中心，辐射黄河中下游的广大平原地区。狭义的中原即指天地之中、中州河南。

上宋给齐、秦送了厚礼，必然会对宋国友好，从而促使齐、秦与晋结成反楚联盟，使楚国陷入更加孤立的境地。

晋国实施了先轸的计划。很快，事态的发展果然如先轸分析的那样。

楚成王亲自率领中军行至半途，听说了齐、秦、晋、宋联盟这一消息，决定立即停止进攻，全军转移撤退。

与此同时，楚成王又传令成得臣统帅的楚军和各路诸侯取消围攻，各自回国。他又特地派人告诫成得臣，不要刚愎自用，不要进逼晋军，敌我力量相当，明知不能取胜，就应知难而退。

成得臣拒绝执行撤军命令，尽管各路诸侯的将士返回本国，只剩自己很少的一点人马，他仍想攻下宋国，并请求派兵给他，必要时和晋军决一死战。

楚成王对成得臣不执行命令表示不满，同时又存有侥幸取胜心理。因而既没有再坚持让成得臣撤兵，

029

出奇制胜

上古时期

■ 晋文公复国图（局部）

历代战争与著名战役

也没有按照成得臣请求的人数派援兵，只派出近千人的贵族兵给他。

成得臣得到楚成王派来的部队后，就不再围宋，而是集结兵力，准备直接向晋军进攻。

楚军撤出围宋部队，正符合晋方救援宋的战略目的。在楚军全力进攻下，晋军退避三舍，以实践晋文公当年对楚订下的诺言。

当年晋文公重耳逃亡到楚国时，楚王收纳了他，楚王问他将来怎样报答自己。重耳说，如果将来晋楚交兵，晋国一定退避三舍。

晋文公实践在楚避难时的诺言，是一个高明的策略。不仅可以激励晋军和联军的士气，楚再逼近，只有被迫交战了；而且避开了楚军锋锐，选择有利时机

晋文公（前697—前628），即重耳，晋献公的儿子，前636年至前628年在位。他文治武功，开创了晋国长达百年的霸业。他昭明后世，显达千秋，与齐桓公并称"齐桓晋文"，为后世儒家和法家等学派所称道。

和有利地形决战；同时，还可以接近本土，缩短补给路线。此举可谓一退得先机，占尽了天时、地利、人和的有利因素。

战争一触即发，晋方有晋、齐、秦三大国和宋兵，楚方有楚、陈、蔡、郑、许五国军队，双方在城濮摆开阵势。

楚军到达城濮后占据有利地形，派斗勃送战书挑战，极度轻视晋军。

挑战书中说："请和晋君的战士们戏耍，请晋君一旁坐车观赏，我成得臣陪同。"

显示出楚军狂傲轻敌的态度。晋方答复说："晋军已退避躲让，既然楚不停战，那只好明天战场上相见了。"

城濮 古地名。一说在今山东郓城西南临濮集，一说在今河南省开封县陈留附近。春秋时期卫国属地。著名的"城濮之战"的发生地。城濮之战是我国历史上最早有详细记载的战例，也是诱敌深入战术的典范。

■ 楚军战斗场面

■ 成得臣 （？—前632年），成氏，姓芈，名得臣，字子玉，他是若敖氏的后裔。公元前637年，他因战功被推荐为令尹。令尹是楚国在春秋战国时代的最高官衔，总揽军政大权于一身。后他在城濮之战中溃败，引咎自杀于归途中。

第二天早晨，楚军元帅成得臣发出"今日必无晋"的号令，命令左右两军分别向晋军进攻。

晋国统帅栾枝利用战场上沙尘扑面的条件，作为蒙蔽敌人掩盖自己虚实的沙幕。副帅胥臣则把马身上蒙上虎皮以壮大声威。

楚右军进攻，由秦军应战，秦军稍事抵抗就立即撤退。栾枝将树枝拖在兵车后飞奔，尘沙飞扬，使楚军看不清晋军后方虚实。楚联军中的陈、蔡军队各自逞强，紧迫秦军。

就在这时，副帅胥臣指挥的大队兵车于战鼓声中突然杀出，马身上都蒙着虎皮，吓得陈、蔡军队战车的马惊慌回窜，阵容混乱，反而冲乱了楚军斗勃指挥的右军。

晋、秦两军乘机猛攻猛打，击杀了蔡将公子印，斗勃也中箭而逃。楚军右翼死伤很多，进攻完全失败，把中军侧面暴露在晋军面前。

栾枝驾车拖着树枝向北奔驰，掀起遮天沙尘。楚帅成得臣和将领斗宜申都以为晋军战败，力命左军攻击。晋方上军应战，随即后撤。楚军向举大旗的晋军

胥臣 字季子，别称司空季子、白季，晋将。早年曾追随重耳流亡，力劝重耳接纳秦穆公之女怀嬴。回国后任下军佐，被分封于白，故又被称为白季。城濮之战中以虎皮蒙马，率战车击溃战马受到惊吓的陈、蔡联军。曾经向晋文公推荐贤臣郤缺。

指挥车追击前进。

晋军元帅先轸立即改变部署：让祁瞒虚举帅旗，坚守中军阵地。中军主力则向右旋回，突然进攻楚左军侧冀，把楚左军冲成南北两部分。晋军各部互相呼应，协同作战，猛冲猛打。

经过一番激战，郑、许两国军队首先溃败，楚军支撑不住，陷于重围。斗宜申率部突围，又遭堵击。晋方联军合力会战，对楚军形成合围，楚军已陷入全军覆灭之境。

成得臣见大势已去，在晋军尚未形成合围前，出兵撤退，脱出包围圈。

晋军大获全胜，成得臣在归国之后自刎谢罪。晋文公从此一举定霸业，使晋国迈入称霸春秋百余年的历史。

晋国这一仗打出了自己的霸业，同时也让先轸一举成名，成为春秋时期一员重要的将领，有名的军事家。

城濮之战的另一个流传千古的典故，正是"退避三舍"，晋文公充分显示了大家风范，成为诚信的代表人物。

阅读链接

据《春秋左传·晋公子重耳之亡》记载，晋献公听信谗言，杀了太子申生，又派人捉拿申生的异母兄长重耳。重耳闻讯出逃。

重耳逃到楚国时，楚成王设宴招待重耳，并问道："如果公子返回晋国，拿什么来报答我呢？"

重耳回答说："如果托您的福，我能返回晋国，一旦晋国和楚国交战，双方军队在中原碰上了，我就让晋军退避三舍（90里）。"

当时的楚国大臣成得臣请求杀掉重耳。楚成王没有这样做，而是派人把重耳送回了晋国。重耳就是后来的晋文公。

攻其必救的桂马之战

桂马之战这里指桂陵之战和马陵之战，是战国中期齐国孙膑伏击魏国庞涓的截击战。桂陵之战是历史上一次著名的截击战，战役时间是公元前353年。马陵之战是战国时期，魏国为了弥补在桂陵之战时的损失，进攻弱小的韩国，使其向齐国求救而引发的一场齐魏战争。战役时间是公元前341。

齐国军师孙膑采用"围魏救赵""围魏救韩"之计，分别在桂陵和马陵设伏，大败魏国。

两战所体现的攻其必救思想，已经成为2000多年来军事上诱敌就范的常用谋略。

齐国军师孙膑画像

■ 魏文侯 （？—前396），姓魏名斯，又名都。他是战国时期魏国的建立者。他在位期间，礼贤下士，儒门子弟子夏、田子方，法家代表人物李悝，军事家吴起均为其所用。这些出身于小贵族或平民的士人在政治、军事方面都发挥了重要作用。

魏文侯即位后，进行了各方面的改革，使魏国迅速成为战国初期最强盛的国家。随着魏国积极向外扩张，对齐国东部的赵国构成严重的威胁。

赵国为了摆脱魏国的控制，积极与齐修好。这更加成为魏攻赵的借口。

公元前354年，魏惠王派大将庞涓前去攻打中山。中山国原本是东周时期魏国北邻的小国，被魏国收服后，赵国乘魏国国丧之机将中山强占了。

魏国大将庞涓认为中山不过弹丸之地，距离赵国又很近，不如直接攻打赵国都城邯郸，既解旧恨又一举两得。魏王同意了庞涓的计划，便拨500战车给庞涓。

庞涓率兵直奔赵国，并且围了赵国都城邯郸。赵王急难中只好求救于齐国，并许诺解围后以中山相赠。齐威王答应之后，命令田忌为将，并起用从魏国救得的孙膑为军师领兵出发。

孙膑是"兵圣"孙武的后代，出生于齐国。他曾拜兵家鬼谷子为师，与魏国大将庞涓是同窗好友。但庞涓做了魏国大将后，十分嫉妒孙膑的才能，将他骗

鬼谷子 王诩，又名王禅，春秋时人。因隐居清溪之鬼谷，故自称鬼谷先生。春秋战国时期著名的思想家、谋略家、兵家、教育家，是纵横家的鼻祖，是我国历史上一位极具神秘色彩的人物，被誉为千古奇人。他的弟子有兵家孙膑、庞涓，纵横家苏秦、张仪。

齐威王（前378—前320），妫姓，田氏，名因齐，齐桓公田午之子。战国时期齐国国君。以善于纳谏用能、励志图强而名著史册。他改革图强，自称为王；破魏称霸，成为战国七雄之首。轶事典故有邹忌讽齐王纳谏、围魏救赵和围魏救韩。

到魏国施以膑刑，即挖去膝盖骨，欲使孙膑永远不能领兵打仗。后来孙膑千方百计才逃到齐国，并被齐威王重用。

孙膑没有急于与庞涓在战场上相见。他劝田忌放弃领兵直趋邯郸，与魏军决战的计划，而应该趁魏军主力出兵在外，国内防务空虚之际，直捣魏都大梁，迫使远在异国的魏军自救。等庞涓回兵时，再于中途予以截击，这样既救了赵，又能给魏国以沉重打击，是一举而两得。

田忌欣然接受孙膑的计划，挥师直逼魏国军事重镇平陵，就是现在的山东定陶。

齐军在平陵的进攻，对大梁的进攻都是假的，目的只有一个，让庞涓轻视齐军。直到魏军已占领邯郸，损兵折将急需休整时，孙膑才建议齐军挥师直捣魏都大梁。

孙膑认为，只有这样，庞涓才可能够抛弃平时正常的行军准则，狂妄地钻进自己布置的陷阱里面。

大梁是魏国的政治、经济、文化中心。齐军攻打大梁，魏惠

■ 孙膑 战国时期军事家，兵家代表人物。是孙武的后代。曾与庞涓为同窗，因受庞涓迫害遭受膑刑，身体残疾，后在齐国使者的帮助下投奔齐国，被齐威王任命为军师，辅佐齐国大将田忌两次击败庞涓，取得了桂陵之战和马陵之战的胜利，奠定了齐国的霸业。

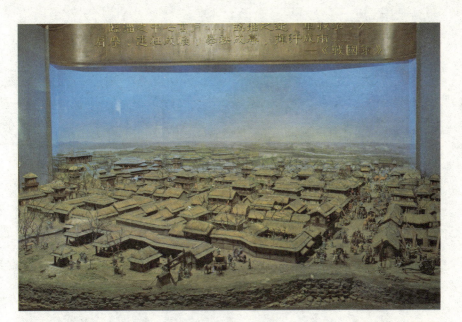

临淄之中七万户……临淄之途，车毂击，
人肩摩，连衽成帷，举袂成幕，挥汗成雨。
——《战国策》

王十万火急地命令庞涓统兵来救。庞涓不得不以少数
兵力驻守邯郸，主力回救大梁。

■ 齐国故城

孙膑判断魏军回师必定经过桂陵，立即率齐军主
力北上，在桂陵设下埋伏。准备当魏军经长途跋涉行
至桂陵时，以逸待劳，突然出击。

魏军由于长期作战，兵力消耗巨大，疲惫不堪，
面对占有先机之利的齐军偷袭，顿时彻底陷入了被动
挨打的困境，终于遭受到一次严重的失败。魏军大
败，庞涓只身逃回魏国。还有的说被俘后放回。

后来，孙膑在马陵一战中再次运用"围魏救赵"
之计，彻底击败了庞涓。

魏国在桂陵之战中被齐击败后，实力尚未根本削
弱。后来魏召集诸侯等国会盟，齐、韩等国对魏国的
做法极为不满，拒不参加。公元前341年，魏命庞涓
率军伐韩。韩向齐求救。

魏惠王（前400—前319），姬姓名罃，《战国策》作"婴"。魏武侯之子。魏国第三代国君。后称梁惠王。即位时魏国是鼎盛时期，但在以后的战争中，大败于齐国，开始衰弱。他曾经向孟轲请教治理国家之道。

■ 古代战车

田忌　字期，也叫期思，封于徐州，故又称徐州子期。战国初期齐国名将。田忌很赏识孙膑的军事韬略，向齐威王举荐孙膑，威王任孙膑为军师。在一次赛马时，孙膑向田忌提出了以下马对上马，以上马对中马，以中马对下马的田忌赛马法，千古流传。

孙膑仍以攻其必救的"围魏救赵"战法，引军直奔魏都大梁。庞涓闻齐军进攻国都，马上回师驰援。但齐军入魏境后不久，知韩围已解，又还师回齐。庞涓恼羞成怒，亲率10万大军火速追击，誓将齐军消灭在逃跑途中。

孙膑得知庞涓追兵将至的禀报，便对田忌说："庞涓一向自恃骁勇，现急于同我军决战。我们要抓住这个心理，诱使他们上当。"

田忌询问孙膑胜敌之策，孙膑说："我们可以装出胆小怯战的样子，用迫兵减灶的办法诱敌深入。"随后，孙膑如此这般地对田忌叙说一遍。

庞涓挥师紧追不放。头一天，见齐军营地有10万人的饭灶；第二天，还剩5万人的饭灶；到第三天，只剩3万人的饭灶了。

庞涓见状高兴，得意地说道："我早知道齐国的士兵都是胆小鬼，如今不到3天就逃跑了大半！"

于是，传下将令：留下步兵和笨重物资，集中骑兵轻装前进，追歼齐军。

孙膑见魏军来势凶猛，高兴地对众人说："庞涓的末日到了！"

这时，齐军正好来到一个叫马陵道的地方。马陵道处于两座高山之间，树多林密，山势险要，中间只有一条狭窄的小路可走，是一个伏击歼敌的好战场。

孙膑传令：就地伐树，将小路堵塞；另挑选路旁的一棵大树，刮去一段树皮，在白茬上面写了这样几个大字："庞涓死于此树之下！"

随后，将蒺藜布在道路上，当做沟堑，用战车和大盾构成野战的前沿壁垒，又在战车上布置弓弩手和执戟甲士。

同时，命令一万弓箭手埋伏在两边密林中，吩咐他们夜里只要看见树下出现火光，就一齐放箭。

转眼间已到傍晚，庞涓率领的魏军骑兵果真来到马陵道。听说前面的道路被树木阻塞，庞涓忙上前察看。朦胧间他见路旁有一棵大树，白茬上隐约有字，遂命人点起火把。

当庞涓看清树上的那一行字时，大吃一惊，知道中了孙

马陵道 位于山东省莘县大张家镇马陵村和樱桃园乡道口村之间，战国时著名的齐魏马陵之战，就发生在这。当年著名军事家孙膑就是充分利用这里有利的地理条件，伏兵于马陵道旁，一举打败了骄纵的魏兵，魏军主将庞涓自杀。

039

出奇制胜

上古时期

■ 庞涓塑像

战国士兵塑像

膑的计谋。他急令魏军后退，但为时已晚。

埋伏在山林中的齐军，万箭齐发，猝不及防的魏军死伤无数，乱成一团。

庞涓身负重伤，知道败局已定，拔出佩剑自杀了。

齐军乘胜追杀，将魏军的后续部队一气打垮，连随军的魏国太子都给俘虏了。马陵道大捷后，孙膑名声大昭。

孙膑又一次以作战指导的高度主动性、灵活性，创造了我国古代战争史上一个出色的机动战例。

孙膑在两次战役中充分体现了超人的谋略智慧，他创造的"围魏救赵""围魏救韩"之计，已经成为战争史上一个重要的范例，屡被后人所借鉴。

战事演义

历代战争与著名战役

阅读链接

鬼谷子为了预测自己的学生孙膑的前程与命运，便让孙膑去摘一朵花来。当时已是九月时节，百花凋落，孙膑只顺手把花瓶中的黄菊花拿给老师。

鬼谷子说："此花已被残折，但它耐寒，经得起霜打风吹，而没有大碍。你把菊花重放回瓶里，说明你最终还要服务于你的祖国。"

孙膑与老师洒泪而别。

鬼谷子另一个学生庞涓嫉恨孙膑的才干，设计加害于他，几乎置孙膑于死地。孙膑运用计谋，使庞涓死于马陵战役中。

包围歼灭的长平之战

长平之战是战国时期秦国和赵国的一场大决战，战役时间是公元前260年，前后耗时三年。2000多年前的这场战役是歼灭战的鼻祖，秦国白起大破赵国赵括。赵括因为这一战断送了自己40万将士的性命和赵国的前途，其事迹成为后来的成语"纸上谈兵"。

长平之战，是我国历史上最早、规模最大的包围歼灭战。

此场战争，由于最有实力的赵国遭受毁灭性打击，从而令秦国国力大幅度超越同时代其他各国，极大地加速了秦国统一中国的进程。

■ 秦国大将白起塑像

■ 赵孝成王（？—前245），嬴姓名丹。惠文王之子。我国战国时期赵国的君主，公元前266年即位。因用赵括代替老将廉颇，改守为攻，在长平被秦将白起击败，导致赵国实力大损。

公元前262年，秦昭王派大将白起攻打韩国，占领了野王城，即现在的河南沁阳，切断了韩国上党郡和国都的联系。韩国想献出上党郡向秦求和，但是上党郡守冯亭不愿降秦，请赵国发兵救上党郡。

赵孝成王派遣大将廉颇率赵军主力开往长平，企图重新占据上党郡。

公元前260年，秦国派左庶长王龁攻打韩国，夺取上党。上党的百姓纷纷逃往去了赵国。农历四月，王龁攻赵，赵孝成王派廉颇为将抵抗。

廉颇在空仓岭一线布防，王龁率军于沁河沿线准备突击。战事是由赵国空仓岭守军同秦国前哨部队遭遇开始的，守军招架不住，秦军步步进逼。同年七月，空仓岭南北几十里防线完全陷落，赵军退守长平金门山下的丹河，与秦隔河相峙。

廉颇固守有利地形，以丹河为依托，设置了四道防线：丹河以西有西壁垒、东壁垒，丹河以东有丹河防线、百里石长城，由西向东依次是西壁垒、东壁垒、丹河防线和百里石长城。

此后，廉颇充分利用占据的有利地势，固守阵脚，以不变应万变，一连坚持数载，实力强而急于一战的王龁却一筹莫展，始终不能跨越丹河一步。

上党郡 主要指今天的长治市，北连太原郡，西交河东郡、南界建兴郡。春秋属晋，及至战国，韩、赵、魏三家分晋，上党地区亦被三家瓜分。因此，战国时期韩、赵、魏三国都在上党地区占有部分土地，这一地区逐成为三国对峙的前沿，其战略地位也随之增强。

秦国的战争指导者毕竟棋高一着，他们运用谋略来打开缺口，为尔后的战略进攻创造条件。

一方面，他们借赵国使者到秦国议和的机会，故意殷勤招待使者，向外界制造秦、赵和解的假象，使赵国在外交上丧失了与各国"合纵"的机会，陷于被动和孤立。

另一方面，又采用离间计，派人携带财宝前赴赵都邯郸收买赵王的左右权臣，挑拨赵王与廉颇的关系。并散布流言说："廉颇容易对付，他就快要投降了。秦国所畏惧的，是马服君赵奢之子赵括。"

赵王既怨怒廉颇连吃败仗，士卒伤亡惨重，又嫌廉颇坚壁固守不肯出战，因而听信流言，便派赵括替代廉颇为将，命他率兵击秦。

赵括是一个缺乏实战经验，只会"纸上谈兵"的庸人。他上任后，一反廉颇所为，更换将佐，改变军中制度，致使赵军上下离心离德，斗志消沉。他还改变了廉颇的战略防御方针，积极筹划进攻，战略企图

合纵 战国时期，苏秦游说六国诸侯实行纵向联合，一起对抗强大的秦国的政策。合纵的目的在于联合许多弱国抵抗一个强国，以防止强国的兼并。但后来被秦国范雎的远交近攻所打断。

王龁 或称王齮，战国末期秦国大将，初为白起锋芒掩盖，白起死后也未有大功绩，但王龁经历三代秦王，为秦国宿将，曾与蒙骜王陵交替征战，后随始皇帝征战时战死。现有多部史书记载。

■ 赵括"纸上谈兵"塑像

一举而胜，夺回上党。

秦国听说赵国任赵括为将，立刻调整了军事部署：征调骁勇善战的武安君白起为上将军，代替王龁统率秦军。为了避免引起赵军的注意，秦王下令军中严守这一机密："有敢泄武安君为将者斩。"

白起是战国时期最杰出的军事将领，久经沙场。只会背吟几句兵书的赵括哪里是他的对手！白起到任后，针对赵括没有实战经验、求胜心切、鲁莽轻敌等缺点，采取了诱敌入伏、分割包围而后予以聚歼的方针，对兵力作了周密细致的部署。

第一，以原先的第一线部队为诱敌部队，等待赵军出击后，即向预设主阵地长壁撤退，诱敌深入。

第二，巧妙利用长壁构筑袋形阵地，以主力守卫营垒，抵挡阻遏赵军的攻势，并组织一支轻装锐勇的突击部队，待赵军被围后，主动出击，消耗赵军的有生力量。

第三，动用奇兵2.5万人埋伏在两边侧翼，待赵军出击后，及时穿插到赵军的后方，切断赵军的退路，协同主阵地长壁上的秦军主力，完成对赵军的包围。

第四，用5000精锐骑兵插入到赵军营垒的中间，牵制和监视营垒中的剩余赵军。

战局的发展果然按

白起像

■ 战国武士木雕

着白起所预定的方向进行。公元前260年农历八月，对秦军动态茫然无知的赵括统率赵军主力向秦军发起了大规模的攻击。

两军稍事交锋，秦军的诱敌部队即佯败后撤。鲁莽的赵括不问虚实，立即率军实施追击。当赵军前进到秦军的预设阵地长壁后，即遭到了秦军主力的坚强抵抗，攻势受挫，被阻于坚壁之下。

赵括欲退兵，但为时已晚，预先埋伏于两翼的秦2.5万奇兵迅速出击，及时穿插到赵军进攻部队的侧后，抢占了西壁垒，截断了出击的赵军与其营垒之间的联系，构成了对出击赵军的包围。

另外的5000秦军精骑也迅速地插到了赵军的营垒之间，牵制、监视留守营垒的那部分赵军，并切断赵军的所有粮道。与此同时，白起又下令突击部队不断出击被围困的赵军。

秦昭王听到赵军已被包围的消息，便亲赴河内督战，征发15岁以上男丁从军，赏赐民爵一级，以阻绝赵国的援军和粮草，倾全国之力与赵作战。这支部队开进到长平，进一步断绝了赵国的援军和后勤补给，从而确保了白起彻底歼灭被围的赵军。

到了农历九月，赵兵已断粮46天，饥饿不堪。赵括走投无路，重

秦军进军场景壁画

新集结部队，分兵四队轮番突围，始终不能突围。绝望之中，赵括孤注一掷，亲率赵军精锐部队强行突围，结果仍遭惨败，连他本人也死于秦军的箭镞之下。

此场战争，由于最有实力统一中国的赵国遭受毁灭性打击，诸国再无力与秦抗争，从而令秦国国力大幅度超越同时代各国，秦国统一天下只是时间问题。

战事演义

历代战争与著名战役

阅读链接

长平之战，赵国战败，举国震惊。赵国的平原君写信给魏国的信陵君，委托他求魏王发兵救赵。信陵君去求魏王发兵救赵，魏王派晋鄙率10万大军救赵。

但是，由于秦昭王的威胁，魏王只好让军队在邺城待命。信陵君为了救赵，只好让侯嬴窃得调兵遣将用的兵符，夺权代将。侯嬴因自感对魏君不忠，自刭而死。信陵君率兵救赵，在邯郸大败秦军，才避免赵国的过早灭亡。

秦汉至隋唐是我国历史上的中古时期。

这一时期，由于朝代更迭，特别是在群雄割据的情况下，战争成为多极竞争格局中重要的军事手段。

秦汉至隋唐的战争水平已发展到相当成熟的阶段，像垓下之战的分进合击，漠北大战的长途奔袭，官渡之战的奇兵偷袭，淝水之战的以弱胜强，太原之战的积极防御等。

从这些战役中我们可以看到，骑兵已逐渐成为战争的中坚力量，军事统帅更注重发挥谋士的智囊作用，因而将我国古代用兵韬略发挥得淋漓尽致。

韬略为王

中古时期

破釜沉舟的钜鹿之战

钜鹿之战是反秦义军项羽摧毁秦军主力章邯、王离的重要战役，战役时间是公元前208年至公元前207年。

项羽破釜沉舟，以大无畏精神在各诸侯军畏缩不进时率先猛攻秦军，带动诸侯义军一起最终全歼王离军，并于数月后迫使另外20万章邯秦军投降。

从此项羽确立了在各路义军中的领导地位。经此一战，秦朝主力尽丧，名存实亡。

■ 西楚霸王项羽塑像

公元前209年陈胜、吴广领导的农民起义爆发，这是我国历史上的第一次农民起义，影响极为深远。之后，经过连年的反秦战争，到了公元前207年，秦朝最终被推翻。

陈胜和吴广牺牲后，项梁召集各路义军在薛地（今山东省滕县东南）计议，并接受谋士范增建议，立楚怀王之孙熊心为王，仍称楚怀王。接着项梁率领起义军大败秦军于东阿（今山东阳谷东北）。

刘邦、项羽也在城阳和雍丘机，即今河南范县城濮城东南和今河南杞县等地打败秦军，消灭了秦三川郡守李由。

项梁在取得胜利后骄傲轻敌，被秦将章邯偷袭以至牺牲。章邯破项梁军后，认为楚地农民军主力已被消灭，于是就渡河北上，移兵邯郸，攻击以赵歇为王的河北起义军，赵歇退守钜鹿（今河北平乡西南）。

秦派王离率几十万边防军包围钜鹿，章邯在钜鹿以南筑甬道，以运粮供给王离军。赵歇粮少兵单，危

项梁（？—前208），楚国贵族后代，项燕之子，项羽的叔父。秦末著名的起义军首领之一。在反秦起义的战争中，因轻敌，在定陶被章邯打败，战死。

范增（前277—前204），秦末居鄛人。秦末农民起义中为项羽主要谋士，被项羽尊为"亚父"。刘邦被困荥阳，用陈平计离间楚的君臣关系，被项羽猜忌，范增辞官归里，途中病死。

钜鹿 汉时置县，晋时为国。钜鹿还是历代兵家必争之地，著名的楚汉"钜鹿之战"就发生于此，西汉末王莽与刘秀之争，东汉末黄巾起义，明王朱棣的"靖难之役"、明末的明清兵"贾庄大战"，清末的景廷宾夏头寺起义等，都给这片沃土留下了历史的一页。

在旦夕，便遣使者向楚怀王求救。

楚怀王与起义军首领在彭城，（今江苏徐州）召开紧急军事会议，决定分兵两路，一路由刘邦率领向西直指关中，另一路以宋义为上将军，项羽为次将，范增为末将，率起义军主力北上救赵。

援赵大军进至安阳（今山东曹阳东南）后，宋义被秦军的气焰所吓倒，逗留46天不敢前进。项羽痛斥宋义的怯懦行为并杀死了他。楚怀王遂封项羽为上将军，并令英布和蒲将军的两支起义军也归其指挥。

公元前207年，项羽率起义军到达钜鹿县南的漳水，立刻派遣英布和蒲将军率2万义军渡过漳水，援救钜鹿，初战告捷。

接着，项羽率领全军渡过漳水，命令全军破釜沉舟，只带3日粮，以示不胜则死的决心，以迅雷不及掩耳之势直奔钜鹿，断绝秦军粮道，包围王离军队。

■ 项羽蜡像

项羽的决心和勇气，对将士起了很大的鼓舞作用。楚军把王离的军队包围起来，越打越勇。1个楚兵抵得上10个秦兵，10个就可以抵上100个。经过9次激烈战斗，活捉了王离，杀死了秦将苏角，其他的秦军将士有被杀的，也有逃走的，围攻钜鹿的秦军就这样瓦解了。

在当时，各路将领来救赵国的有十几路人马，可是他们害怕秦军强大，都扎下营寨，不敢跟秦军交锋。每次听到楚军震天动地的喊杀声，都挤在壁垒上观看。

他们看见楚军横冲直撞杀进秦营的情景，吓得伸着舌头，屏住了气。等到项羽打垮了秦军，请他们到军营来相见的时候，他们都跪在地上爬着进去，连头也不敢抬起来。

大家颂扬项羽说："上将军的神威真了不起，自古至今没有第二个。我们情愿听从您的指挥。"

从那时候起，项羽实际上成了各路反秦军的首领，各路诸侯军均服从项羽号令。

钜鹿解围后，章邯军驻钜鹿南的棘原，项羽军驻漳水之南，两军对峙。秦军的连续失败使章邯不见信于秦朝廷，秦二世数次派人责问章邯。项羽抓住时机，派军击秦军于漳水南岸，章邯军退却。

章邯派部将司马欣向秦朝廷请求指示并支援。在当时，秦朝廷赵高专权，猜忌将相，司马欣到咸阳，在宫外等候了3日，赵高也不见，有不信任之意。司马欣恐惧，于是从小路逃回，而不敢走来时的大路。赵高果然派兵从大路追赶。

司马欣潜回棘原，劝章邯早图良谋。赵将陈馀也致书章邯，以秦将白起、蒙恬功多却被诛之事劝说章邯。章邯在降楚和退军之间犹豫不决。

项羽军粮少，为尽快彻底打破章邯的幻想，派蒲将军率军日夜兼程渡三户津（今河北滋县西南古漳水渡口），断秦军归路，自己率主力大败秦军。

在项羽的沉重打击下，章邯进退无路，不得不于公元前207年在现在的河南安阳洹水南殷墟率部20万投降项羽。项羽封章邯为雍王，并封司马欣为上将军，率领投降的秦军为前锋先行，开始了消灭秦军残部的战斗。

秦国最后的名将章邯倒戈降敌，终于使秦国走向了灭亡，刘邦迅速地攻破关中。

钜鹿之战是秦末农民战争所取得的一场巨大胜利。它基本上摧毁了秦军的主力，扭转了整个战局，奠定了反秦斗争胜利的基础。而项羽以3万兵破30万兵力，如此悬殊的战果，令无数后世人对其充满了惊叹与景仰。

阅读链接

公元前 208 年，秦将章邯指挥秦军主力合围钜鹿，项羽率兵前往解救。

为表置之死地而后生的决心，项羽带领全部军队渡过漳河，凿沉战船，打破釜甑，烧掉庐舍，命士兵仅带三日粮，以示士卒必死无还之心。项羽率军断秦军粮道，与秦军进行了9次激烈的较量。

在项羽的带领下，楚军将士无不以一当十，奋勇冲杀，秦军损兵折将。项羽乘胜追击，最后迫使章邯率其残部投降。项羽破釜沉舟，勇战秦军，威震诸侯。

出奇制胜的井陉之战

　　井陉之战是汉大将韩信在井陉口一带对项羽分封的赵军的一次出奇制胜的进攻作战，时间是公元前204年。在这次战役中，韩信以不到3万的劣势兵力，背水列阵，奇袭赵营，一举歼灭了号称20万的赵军。此战为刘邦最终战胜项羽、统一全国创造了有利的战略态势。

　　在楚汉战争中，汉大将韩信表现出了"连百万之军，战必胜，攻必取"的卓越智谋和用兵韬略，其战绩堪称军事史上的奇观，井陉之战则是他辉煌战例中的精粹。

■韩信画像

■ 张良（约前250—前186），字子房，颍川城父人。汉高祖刘邦的重要谋臣，与韩信、萧何并列为"汉初三杰"。他以出色的智谋，协助汉高祖刘邦在楚汉战争中夺得天下，被封为留侯，张良去世后，谥为"文成侯"。

公元前205年，项羽在彭城大败刘邦，这使得许多诸侯纷纷背汉归楚，刘邦的处境十分艰难。为了摆脱这一不利局面，刘邦采纳了张良等人的建议，制定了正面坚守、侧翼发展、敌后袭扰的战略方针，命大将韩信率军开辟黄河北岸战场。

在当时，黄河北岸尚有代、赵、燕3个割据势力。它们都投靠项羽，成为楚的羽翼。韩信率军平定代地，活捉了代国的相国夏说，又俘虏了魏王豹。战斗刚刚结束，刘邦就把韩信的精兵调往荥阳一带去正面抗击项羽的进攻。

公元前204年，韩信统率3万名新近招募的部队，越过太行山，向东挺进，对赵国发起攻击。赵王歇、赵军主帅陈余闻讯后，即以号称20万的大军集结于井陉口防守。

井陉口是太行山有名的八大隘口之一，即今河北获鹿西的土木关。此处以西有一条长约几十千米的狭窄驿道，易守难攻，不利于大部队的行动。

当时赵军先期扼守在井陉口，居高临下，以逸待劳，且兵力雄厚，处于优势和主动地位；反观韩信，麾下只有数万之众，而且都是新募之卒，千里行军，士气虽高涨，但身体却疲乏，处于劣势和被动地位。

赵军主帅陈余手下的广武君李左车，很有战略头脑。他向陈余认真地分析了敌情和地形，认为韩信渡过黄河，实施外线作战，前段时间活捉了夏说，俘虏了魏王豹，并乘胜进攻赵国，士气旺盛，锋芒不可挡，所以赵军必须暂时避开汉军的锋芒。

李左车还分析道，汉军方面也存在着很大的劣势，主要表现为，汉军的军粮必须从千里以外运送，补给困难。井陉口道路狭窄，车马不能并行，因此汉军粮秣输送一定滞后不济。

鉴于这一分析，李左车进而向陈余建议，由他带领奇兵3万人马从小道出击，去夺取汉军的辎重，切断韩信的粮道。由陈余本人统率赵军主力深沟高垒，坚壁不战，与韩信军周旋相持。

李左车认为只要运用这一战法，就能使得韩信求战不得，后退无路，不出10天，就可以彻底消灭汉军，否则，赵军是一定会被汉军打败的。

魏王豹（？—前204），秦末人。原战国时魏国的贵族。陈胜起义时立其兄咎为魏王。秦将章邯攻魏，咎被迫自杀。他逃亡至楚，向楚怀王借兵数千人，攻下魏地20余城，自立为魏王。韩信破魏时，被房至荥阳，为汉将周苛所杀。

■ 萧何月色追韩信

然而，刚愎自用且又迂腐不切实际的陈余，却拘泥于"义兵不用诈谋奇计"的教条，认为韩信兵少且疲，不应避而不击，断然拒绝采纳李左车的正确作战方案。

　　韩信探知李左车的计策没有被采纳，以及赵军主帅陈余有轻敌情绪和希图速决的情况后，非常高兴，当即制定了出奇制胜，一举破赵的良策。

　　韩信指挥部队开进到距井陉口15千米的地方扎下营寨。到了半夜时分，迅速实施作战部署。首先挑选2000名轻骑，让他们每人手持一面汉军的红色战旗，由偏僻小路迂回到赵军大营侧翼的抱犊寨山潜伏下来，准备乘隙袭占赵军大营，断敌归路。

　　与此同时，又派出1万人为前锋，乘着夜深人静赵军未察之际，越过井陉口，到绵蔓水，即今河北井陉县境内东岸背靠河水处布列阵势，以迷惑调动赵军，增长其轻敌情绪。

　　部署甫定，东方天际晨曦微露，决战的一天悄然来临了。

　　赵军对潜伏的汉军毫无觉察，望见汉军背水列阵，无路可退，都

■韩信出征图

禁不住窃窃讥笑，认为韩信置兵于死地，根本不懂得用兵的常识，因而对汉军更加轻视。

天亮之后，韩信亲自率领汉军，打着大将的旗帜，携带大将的仪仗鼓号，向井陉口东边的赵军逼过去。

赵军见状，果然踌躇满志，离营迎战。两军戈矛相交，厮杀了一阵子后，韩信就佯装战败，让部下胡乱扔掉旗鼓仪仗，向绵蔓水方向后撤，与事先在那里背水列阵的部队迅速会合。

赵王歇和陈余误以为汉军真的不敌，岂肯轻易放过机会，于是就挥军追击，倾全力猛攻背水阵，企图一举全歼汉军。

汉军士兵看到前有强敌，后有水阻，无路可退，所以人人死战，个个拼命，赵军的凶猛攻势就这样被抑制住了。

这时，埋伏在赵军营垒翼侧的汉军2000轻骑则乘着赵军大营空虚无备，突然出击，袭占赵营。他们迅速拔下赵军旗帜，插上汉军战旗，一时间红旗林立，迎风招展，好不威风。

赵军久攻背水阵不下，陈余不得已只好下令收兵。这时赵军才猛然发现自己大营上插满了汉军红色战旗，老巢已经被夺。这样一来，赵军上下顿时惊恐大乱，纷纷逃散。

占据赵军大营的汉军轻骑见赵军溃乱，当即乘机出击，从后侧切断了赵军的归路，而韩信则指挥汉军主力全线发起反击。

赵军仓皇逃跑，被汉军追上，结果全部被歼灭，陈余被杀，赵王

秦汉时期铭文铜矛

歇和李左车束手就擒。井陉之战以韩信大获全胜，一举灭赵而降下帷幕。

在井陉之战中，双方在作战指挥上的得失高下是显而易见的。韩信取得作战胜利，关键在于他能够充分发挥主观能动性，有计划地制造和利用赵军的错误，奇正并用，背水列阵，灵活用兵，出奇制胜，速战速决，从而一举全歼赵军，谱写了我国古代战争史上精彩篇章。

赵军的失败，则在于主帅陈余迂腐而又傲慢，并拒绝采纳李左车正确的作战方案，不了解汉军的作战意图，终于使赵军丧失了优势和主动地位，在处处被动中遭到全歼。

井陉之战给后人留下了许多宝贵的启示。其中最为重要的一点是：兵法的运用，贵在灵活创新，切忌死板教条。在这方面，韩信这位"战必胜，攻必克"的风云人物堪称表率。

井陉之战的结局，对楚汉战争的整个进程具有重大的意义。

汉军的胜利，使其在战略全局上渐获优势，不仅消灭了北方战场上最强劲的敌手，为下一步"不战而屈人之兵"，兵不血刃平定燕地创造了声势和前提，而且为东进攻齐铺平了道路，从而造就了孤立项羽的有利态势。这虽然是一次战役规模的战争，却有着战略性地位。

阅读链接

韩信幼时和哥哥嫂嫂住在一起，靠吃剩饭剩菜过日子。小韩信白天帮哥哥干活，晚上刻苦读书，刻薄的嫂嫂非常讨厌他读书，认为读书耗费了灯油，又没有用处。

于是韩信只好流落街头，过着衣不蔽体，食不果腹的生活。有一位给别人当佣人的老婆婆很同情他，不但支持他读书，还每天给他饭吃。

韩信很感激。后来韩信做了楚王，他找到那位老婆婆，并将老人接到自己的大殿里，像对待自己的母亲一样对她。

分进合击的垓下之战

　　垓下之战是楚汉战争中楚汉两军在垓下进行的一场战略决战，时间是公元前202年年末。垓下之战，汉军适时发起战略追击，积极调集援兵，多路围攻，以绝对优势兵力全歼楚军，创造了中国古代大规模追击战的成功战例。

　　垓下之战，是楚汉相争中决定性的战役，它既是楚汉相争的终结点，又是汉王朝繁荣强盛的起点。它结束了秦末混战的局面，统一了中国，奠定了汉王朝400年基业。因其规模空前，影响深远，被列为世界著名古代七大战役之一，有"东方的滑铁卢"之誉。

■ 汉王朝的建立者刘邦画像

■ 楚汉战争场景蜡像

战事演义

历代战争与著名战役

刘贾（？—前195），西汉初沛郡丰邑人。汉高祖刘邦堂兄。曾奉命深入楚地，佐彭越断楚军粮草。后渡淮，去招降楚大司马周殷，会兵垓下。在刘邦称帝后被封为荆王。

彭越（？—前196），西汉开国功臣。秦末聚兵起义，最初在魏地起兵，后率兵归刘邦，拜魏相国、建成侯，与韩信、英布并称汉初三大名将，西汉建立后封为梁王。

公元前202年，刘邦、韩信、刘贾、彭越、英布等5路大军，于垓下完成了对10万楚军的合围。

刘邦任命韩信为联军统帅，指挥大军作战。韩信命刘贾、英布军自南将楚军外围出路全部封闭，命彭越军自北封闭通路，韩信亲率自军主力30万与刘邦本部军20万合成一股，向困守垓下的10万楚军发起进攻，展开决战。

当时，楚军处于绝对劣势，西楚国位于长江以北的全部土地均已失陷，10万楚军成为绝对的孤军。楚军缺粮已经几个月，士兵饥饿，军队根本没有半点补给。

而且，项羽孤军10万，久战疲惫，决战之时已是农历十二月的大冬天，楚军刚从广武前线上撤下来，未经补给，多为穿着夏秋季的装备，寒冷饥饿，士气溃散。

并且汉军分5路有秩序推进，先占楚地，再行合围，步步为营，包围圈完善，楚军难以发动突然性的反攻。就算突围出去，楚军离家乡江东距离遥远，很难在汉军的追击下及时回到己方领土。

就是在这些情况之下，韩信30万主力与刘邦本部军合兵一股，向盘踞困守于垓下的10万楚军发起了最后的进攻。

经过半日厮杀，项羽没能突破汉军阵线，韩信不断地向后退，始终没有出现在项羽面前。而项羽过于猛烈的冲锋，却明显拉开了军队前后的距离。楚军队形越来越散，越拉越长，渐渐失去了紧密的队形和互相之间的配合。

战至下午，汉军中军一退再退，左右两军迂回急进，终于完成了前后夹击之势。汉军左右两军随之投入对楚军后方侧翼的进攻，以紧密的阵形两面压来，迅速合围了落在后面的楚军步兵。

楚军将士殊死抵抗，两军官兵绞斗在一起，立刻

垓下 古地名，位于今安徽灵璧县东南，是刘邦围困项羽的地方，项羽在这里被围失败。垓下古战场俗称霸王遗址，在韦集镇内，霸王城史称"垓下"。这个战场遗址，被誉为世界七大古战场之一。

■楚汉战争场景蜡像

陷入交战状态。汉军将楚军步兵、骑兵一分两半，楚军攻势随之被牵制。项羽不得已，只好率残存骑兵回师救援步兵。

当得知左右军完成迂回并发动了对楚军后方步兵的进攻之时，韩信随即组织反击，并将刘邦主力以及所剩的全部中军投入反击中。

汉军向项羽和楚军前锋骑兵反扑而来，数十万汉军向楚军前后夹击。项羽见势不妙，立刻率全军向反方向突围，冲开汉左右军的包围，退回营中。

此战，楚军阵亡4万余人，被俘2万多人，被打散2万多人，仅剩不到2万伤兵，随项羽退回阵中。

随后，韩信收拢此前被楚军冲散的部队，率领全军全数压上，彻底包围了楚军大营。此间还歼灭了被打散的，2万余楚军，没有给项羽收拢散兵的机会。

项羽率800骑乘夜向南突围，渡过淮水后，身边只剩百余骑，至长江北岸的乌江时，身边仅剩26人。

项羽自觉无颜再见江东父老，不愿过江，不久，汉将灌婴率5000骑兵追至，项羽苦战后，挥剑自刎而亡。

秦末楚汉战争场景

霸王别姬蜡像

　　垓下之战，汉军适时发起战略追击，积极调集援兵，多路围攻，以绝对优势兵力全歼楚军，创造了我国古代大规模追击后围歼的成功战例。

　　垓下之战，是楚汉相争中决定性的战役，它既是楚汉相争的终结点，又是汉王朝繁荣强盛的起点，更是我国历史上具有里程碑意义的转折点。

阅读链接

　　一天夜里，被包围在垓下的项羽和他的士兵听见四周响起熟悉的歌声。仔细一听，原来是自己家乡楚地的民歌。歌声是从刘邦的军营里传来的。

　　项羽和他的士兵非常吃惊，以为刘邦早已攻下他们的家乡，并抓来许多家乡的亲人当俘虏，而这熟悉的歌声也引起了士兵们的思乡之情。一时项羽军中军心大乱。

　　原来，这是刘邦和韩信使用的计谋。他组织自己军队的士兵唱那些感伤的楚地民歌，正是为了扰乱项羽军队的稳定。

长途奔袭的漠北之战

■ 汉武帝刘彻画像

漠北之战是汉军在漠北抗击匈奴的大决战，战役时间是公元前119年。此战是汉匈间规模最大，战场距中原最远，也是最艰巨的一次战役。

汉军虽然付出了很大的代价，却严重削弱了匈奴势力，使其从此无力大举南下，造成了"是后匈奴远遁，而幕南无王庭"的局面。

漠北之战，也是在草原地区进行的一次成功作战，在我国古代战争史上占有重要地位。

■ 汉武帝刘彻蜡像

西汉时期，匈奴屡犯边关，汉军已经从以往多次的实战锻炼中积累了使用大规模的骑兵集团远途奔袭的作战经验。于是，汉武帝决定加强北线进攻。

为筹集战争所需要的大量物力和财力，汉武帝实行币制改革和盐铁专卖。同时，与诸将商议对匈奴的作战方针。

汉武帝制定了一个出其不意、攻其不备，集中兵力、深入漠北、寻歼匈奴主力的作战方针。尔后，他即调集10万骑兵，命大将军卫青、骠骑将军霍去病各率5万骑兵出征漠北，并组织步兵数十万、马数万匹以保障作战。

公元前119年春，汉武帝在战前进行了周密的部署：大将军卫青率前将军李广、左将军公孙贺、右将军赵食其、中将军公孙敖、后将军曹襄，统率骑兵5万出代郡，寻找匈奴左贤王决战；骠骑将军霍去病率

匈奴 我国古籍中讲述的匈奴，是在汉代称雄中原以北的一个强大的游牧民族，公元前215年被逐出黄河河套地区，东汉分裂时，南匈奴进入中原内附，北匈奴从漠北西迁，中间经历了约300年。

战事演义

历代战争与著名战役

■ 卫青（？—前106），字仲卿。生于西汉时河东平阳，即今山西临汾市。西汉武帝时的大司马、大将军。封长平侯，谥号"烈侯"。他与外甥霍去病并称"帝国双璧"。卫青开启了汉对匈战争的反败为胜的新篇章，七战七捷，无一败绩，为历代兵家所敬仰。

领经过选拔敢于深入敌后的力战之士5万人，兵出定襄，寻找匈奴伊稚斜单于的主力军决战。

匈奴伊稚斜单于闻汉军来攻，将全部家属人畜物资往更远的北方转移，而将精兵部署在漠北一带，准备迎击汉军的进攻。

卫青从定襄出塞不久，从俘虏口中得知匈奴伊稚斜单于转移的地点，立刻调整部署，令前将军李广与右将军赵食其合兵一处由东路前进，以掩护自己的侧翼并攻击单于军的左侧背，自己则率主力直奔伊稚斜单于军的主力，准备从正面迎敌。他率部向北行进千余里，穿越浩瀚的大沙漠，追击伊稚斜单于。

卫青抵达漠北后，见伊稚斜单于陈兵而待，便当机立断，创造性地运用车骑协同的新战术，命令部队以武刚车连环为营，以防止匈奴骑兵的突然袭击，而令5000骑兵出击匈奴。

伊稚斜单于以万骑迎战。两军激战一天，末见胜败。临近日落之时，突然大风骤起，沙砾击面，两军互不相见。卫青乘势用骑兵从左右两翼迂回，将单于的阵营包围了起来。

武刚车 我国古代的一种兵车。出现于汉朝，最先用它的是大将军卫青。用武刚车作战时，车身要蒙上牛皮犀甲，捆上长矛，立上坚固的盾牌。有的有射击孔，弓箭手可以在车内，通过射击孔射箭。也可以将几辆武刚车环扣在一起，成为坚固的堡垒。

伊稚斜单于见汉兵战车和骑兵配合照应，作战娴熟，自觉再战会有不利，遂趁夜幕降临，跨上一匹善于奔跑的精骑，率领数百壮骑杀出重围，向西北方向逃去。

战至深夜，汉军左校点视俘虏，发现伊稚斜单于已在天黑之前突围脱逃。卫青立即派轻骑追击，自率大军随后跟进。

天明时分，汉军已追击100多千米，俘斩敌军近2万，但始终未见伊稚斜单于踪影。卫青乘胜向北挺进，攻入今杭爱山南面的颜山的赵信城，缴获了匈奴囤积的大批粮食和军用物资。汉军在此驻留一日，然后回师南归。

到达漠南之后，卫青与李广、赵食其会合。李广、赵食其从东路前进后，因无向导，半道迷路而未能参战。卫青派人查问迷路的情况，曾经威震敌胆、被匈奴称为"汉之飞将军"的李广羞愧于迷失道路，拔刀自刎。一代名将死于非命，使此役的胜利大为失色。东出的霍去病军虽然未与匈奴单于交手，但其战果也十分巨大。

赵食其　西汉将军，祋祤人，在汉景帝、汉武帝属下。本为主爵都尉，公元前119年，为右将军，与曹襄、李广、公孙敖、公孙贺随卫青，出定襄，迷路当斩，赎为庶人。

漠北　指瀚海沙漠群的北部，也就是狭义的塞北之北，包括蒙古和贝加尔湖，在历史上是匈奴，突厥，蒙古人的活动中心，是北方游牧民族向中原汉族发动侵略的根据地。

■ 李广（？—前119），生于陇西成纪，即今甘肃省天水市秦安县。西汉时期名将，骁骑将军。历经汉文帝、汉景帝和汉武帝三朝。曾经参与平定七国的叛乱，勇夺军旗，战功显赫。匈奴畏服，称之为"汉之飞将军"，数年不敢来犯。

■ 霍去病（前140—前117），名将卫青的外甥。生于西汉时河东郡平阳县，即今山西临汾西南。汉武帝时期大司马，骠骑将军。谥号"景桓侯"。霍去病多次率军与匈奴交战，在他的带领下，匈奴被汉军杀得节节败退，霍去病也留下了"封狼居胥"的佳话。

左贤王 匈奴的官职名。匈奴以左为尊，所以左贤王的地位仅次于单于，在诸王侯中地位最高。左贤王一般是单于的候补人选，因此常由单于瞩意的儿子担任。

姑衍山 位于今蒙古共和国肯特山以北。霍去病在漠北之战胜利后，封狼居胥山以祭天，禅姑衍山以祭地，至瀚海而还。封狼居胥、禅于姑衍、登临瀚海并称为霍去病漠北之战胜利后三大盛事，广为历史称颂。

事实上，霍去病已毫无争议地成为汉军王牌。汉武帝对霍去病的能力无比信任，在这场战争的事前策划中，原本安排了霍去病攻打伊稚斜单于，结果行军途中情况有变。这个变故使霍去病没能遇上他最渴望的对手，而是碰上了匈奴左贤王部。然而，对左贤王的这场大战，完全可以算是霍去病的巅峰之作。

在与匈奴左贤王作战的过程中，霍去病率部奔袭1000多千米，以1.5万人的损失，歼敌7万多人，俘虏匈奴王爷3人，以及将军、相国、当户、都尉83人。

此战，霍去病发挥骑兵快速、机动的特点，大胆深入，猛打猛追，给匈奴左贤王部以致命打击。

大约是渴望碰上匈奴单于，霍去病一路追杀，来到了今蒙古肯特山一带。在这里，霍去病暂作停顿，率大军进行了祭天地的典礼：祭天封礼于狼居胥山举行，祭地禅礼于姑衍山举行。

祭天地之后，霍去病继续率军深入追击匈奴，一直打到瀚海，就是现在的俄罗斯贝加尔湖，方才回师。

从长安出发，一直奔袭至贝加尔湖，在一个几乎完全陌生的环境里一直沿途大胜，这是怎样的成就！经此一役，霍去病和他的"封狼居胥"，从此成为我国历代兵家人生的最高追求，终生奋斗的梦想。而这一年的霍去病年仅23岁。此战之后，汉武帝封霍去病五千八百户。

漠北之战的胜利，与汉军君臣的集体智慧是分不开的。汉武帝在战前进行了细心准备，除集中全国最精锐的骑兵和最优秀的战将投入战斗外，还调集大批马匹与步兵，运送粮草辎重，以解决远距离作战的补给问题。

在作战中，汉军统帅卫青、霍去病发挥了出色的指挥才能，充分利用骑兵的机动性与冲击力，不仅敢于深入敌境，而且善于迂回包抄。

利用匈奴北徙误以为汉军不敢深入漠北的麻痹心理，出其不意，攻其不备，大胆地制订了远途奔袭、

狼居胥山 山名。前119年霍去病出代郡击匈奴，封狼居胥山，一说在今蒙古共和国境内的肯特山，一说即今河套西北狼山，皆与《史记》《汉书》所载当时用兵途径不合，《辞海》里也没确切的解释。狼居胥山的所在地问题已经成为了历史之谜。

■ 骠骑将军霍去病雕像

汉代青铜甲

深入漠北、犁庭扫穴、寻歼匈奴的方针，这是此战取得胜利的决策保证。

特别是卫青，在遭遇单于主力后，机智地运用了车守骑攻、协同作战的新战术，先借助战车的防御能力使自己立于不败之地，继而发挥骑兵迅速机动的攻击能力，迂回包抄敌军的两翼，一举击溃单于的主力，更显示出其战役指挥方面的优异才能。所有这一切，都为汉军的胜利提供了保障。

漠北之战，在我国战争史上占据了重要地位。此役彻底地打败了匈奴，使匈奴边患基本得到解决。同时，匈奴控制的河西走廊归属汉朝，这就打通了到塔里木盆地及中亚的商路。

从此，在从中原到中亚的"丝绸之路"上，西汉的外交使节和商人往来不断，丝绸之路逐渐成为中西文化交流的一座桥梁。

战事演义

历代战争与著名战役

阅读链接

公元前121年的春天，霍去病被任命为骠骑将军，独自率领精兵1万出征匈奴。这就是河西大战。19岁的统帅霍去病不负众望，在千里大漠中闪电奔袭，打了一场漂亮的大迂回战。

6天中他转战匈奴5个部落，一路猛进，并在皋兰山与匈奴卢侯王、折兰王打了一场硬碰硬的生死战。

在此战中，霍去病战败卢侯王和折兰王，浑邪王子及相国、都尉被俘虏，匈奴休屠祭天金人也成了汉军的战利品。此战后，汉武帝封霍去病两千户。

奇兵偷袭的官渡之战

官渡之战是东汉末年曹操军与袁绍军展开的战略决战，时间是公元200年。此战，经过一年多的对峙，最终以曹操的全面胜利而结束。曹操以两万左右的兵力，出奇制胜，击破袁军十万。这个战例成为我国历史上以弱胜强，以少胜多的典型战例。曹操以其非凡的才智和勇气，写下了他军事生涯中的最辉煌的一页。

官渡之战增强了曹操的实力，为曹操击溃袁绍，统一北方奠定了坚实的基础。

东汉末曹操画像

东汉末年，董卓专权，天下各路诸侯联军讨伐。作为八校尉之一的曹操也参与了讨伐。

196年，曹操把汉献帝挟持到许昌，形成"挟天子以令诸侯"的局面，取得了政治上的优势，并逐步征服一些地方势力，统一了长江以北的大部分地区。

198年，袁绍击败公孙瓒，占据青、幽、冀、并四州之地。199年，袁绍挑选精兵10万，战马万匹，企图南下进攻许昌。

曹操和袁绍两大势力的迅速扩大，不可避免地会发生摩擦。随着军事斗争的加剧，官渡之战的序幕也就由此拉开。

200年，袁绍派陈琳书写檄文并发布，檄文中将曹操骂得狗血淋头。农历二月，袁绍进军黎阳，企图渡河寻求曹军主力决战。他首先派颜良进攻白马的东郡太守刘延，企图夺取黄河南岸要点，以保障主力渡河。

农历四月，曹操为争取主动，求得初战的胜利，亲自率兵北上解救白马之围。此时谋士荀攸认为袁绍兵多，建议声东击西，分散其兵力，先引兵至延津，佯装渡河攻袁绍后方，使袁绍分兵向西，然后遣轻骑迅速袭击进

■ 官渡之战场景

攻白马的袁军，攻其不备，定可击败颜良。

曹操采纳了这一建议，袁绍果然分兵延津。曹操便乘机率轻骑，派张辽、关羽为前锋，向白马疾进。关羽迅速逼近颜良军，冲进万军之中斩杀大将颜良而还，颜良军因此溃败。

■ 青铜矛

曹操解了白马之围后，迁徙白马的百姓沿黄河向西撤退，袁绍率军渡河追击，军至延津南，派大将文丑率兵追击曹军。

曹操当时只有600骑兵，驻在南阪下，而袁军达五六千骑，还有步兵在后跟进。曹操令士卒解鞍放马，并故意将辎重丢弃道旁。

袁军一见果然中计，纷纷争抢财物。曹操突然发起攻击，终于击败袁军，杀了文丑，顺利退回官渡。

袁军初战失利，但兵力仍占优势。农历七月，袁军进军阳武即今河南中牟北，准备南下进攻许昌。八月，袁军主力接近官渡，依沙堆立营，东西宽约数十里。曹操也立营与袁军对峙。九月，曹军一度出击，没有获胜，退回营垒坚守。

袁绍构筑楼橹，堆土如山，用箭俯射曹营。曹军依谋士刘晔之计制作了一种抛石装置——霹雳车，抛石击毁了袁军所筑的楼橹。袁军又掘地道进攻，曹军也在营内掘长堑相抵抗，粉碎了袁军的计策。

荀攸（157—214），字公达，颍川颍阴人。东汉末年曹操的五谋臣之一，被曹操称为"谋主"。官至尚书令，追谥为"敬侯"。官渡之战荀攸献计声东击西，斩大将颜良和文丑。又献策出奇兵，派徐晃烧袁绍粮草，同时力谏曹操接纳许攸，策划乌巢，立下大功。

淳于琼（？—200），字仲简，颍川人。汉朝末期政治人物。被汉灵帝任命为西园八校尉之一的右校尉，与蹇硕、袁绍、鲍鸿、曹操、赵融、冯芳、夏牟同列。后成为袁绍部将，在官渡之战时镇守乌巢，因遭到曹操的偷袭而惨败。

战事演义

历代战争与著名战役

双方相持3个月，曹操处境困难，前方兵少粮缺，士卒疲乏，后方也不稳固。在这种情况下，曹操命令负责后勤补给的任峻采取10路纵队为一部，缩短运输队的前后距离，并用两列阵，加强护卫，防止袁军袭击。

另外，曹操积极寻求和捕捉战机，以求击败袁军，不久派曹仁、史涣截击、烧毁袁军数千辆粮车，增加了袁军的补给困难。

同年十月，袁绍又派车运粮，并令淳于琼率兵万人护送，囤积在袁军大营以北约20千米的故市和乌巢，即今河南省延津县，与今河南延津东南。

恰在这时，袁绍谋士许攸投奔曹操，建议曹操派轻兵奇袭乌巢，烧其辎重。曹操立即付诸实行，留曹洪、荀攸守营垒，亲自率领步骑5000人，冒用袁军的旗号，人衔枚、马缚口，各带柴草一束，利用夜晚黑暗走小路偷袭乌巢。到达后立即围攻放火。

袁绍获知曹操袭击乌巢后，只派轻骑救援，主力则猛攻曹军大营，可曹营坚固，攻打不下。

当曹军急攻乌巢的淳于琼营时，袁绍增援的部队已经迫近。曹操鼓励士兵死战，大破袁军，杀淳于琼等，并将其粮草全数烧毁。

袁军前线闻得乌巢被破，导

■ 关羽铜像

致军心动摇，内部分裂，大军溃败。袁绍仓皇带800骑退回河北，曹军先后歼灭和坑杀袁军7万余人。

■ 古战马铠甲

官渡之战，经过一年多的对峙，至此以曹操的全面胜利而结束。

战争的胜负取决于双方政治、军事、经济等多方面的条件，但首当其冲的是双方军事实力的较量。双方的取胜之道是值得深思的。

此战曹操善择良策，攻守相济，屡出奇兵，巧施火攻，焚烧袁军粮草，对获取胜利起了重大的作用，集中体现了曹操卓越的用兵谋略和指挥才能，是我国历史上以少胜多的著名战例。

反观袁绍，内部不和，又骄傲轻敌，刚愎自用，屡拒部属的正确建议，迟疑不决，一再地丧失良机。终致粮草被烧，后路被抄，军心动摇，内部分裂，而全军溃败，从此一蹶不振。

阅读链接

曹操非常爱惜人才，为了留住人才甚至可以受辱。袁绍曾经派陈琳书写檄文，将曹操骂得很难听。官渡之战取胜后，骂人的陈琳被带到曹操面前，此时陈琳似乎只有死路一条。

曹操看看他，问道："你为什么骂我的祖宗？"

陈琳嘿嘿笑道："我当时写文章，文思泉涌，骂你骂得起兴，就控制不住把你祖宗也给带上了。"

曹操听罢他的话后哈哈大笑，给他松了绑绳，让他在自己身边效力。由此可见，曹操不仅爱才，也是个很有气度的人。

巧用火攻的赤壁之战

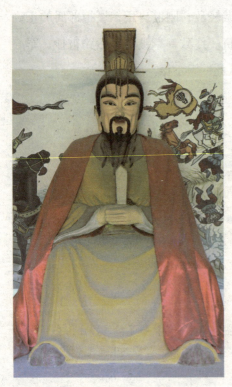

■ 刘备塑像

赤壁之战是指三国形成时期，孙权、刘备联军大破曹操大军的著名战役，时间是208年。

这是我国历史上以少胜多的著名战争之一，也是三国时"三大战役"中最为著名的一场。

它也是我国历史上第一次在长江流域进行的大规模江河作战，标志着中国军事政治中心不再限于黄河流域。此战最后以火攻大破曹军，曹操北回，孙刘双方亦各自夺去荆州的一部分。

■ 赤壁之战场景

曹操经官渡之战和北征乌桓，完成了北方的统一。208年正月回到邺城后，立即开始了南征的军事和政治准备。

曹操于邺城凿玄武池以练水军；派遣张辽、于禁、乐进等驻兵许都以南，准备南征；令马腾及其家属迁至邺，以减轻西北方向的威胁；罢三公官，置丞相、御史大夫，自任丞相，进一步巩固了统辖地位，维护了自己的政权。

208年8月，刘表病逝，曹操接受了荀彧的意见，先抄捷径轻装前进，疾趋至宛城、叶城，另以赵俨为章陵太守、护张辽、于禁、张郃、朱灵、李典、冯楷、路招七军。刘表之子、继位荆州的刘琮知道这个消息后，投降了曹操。9月，曹操到达新野。

曹操南下的消息，依附刘表、屯兵樊城的刘备一

乌桓 我国古代民族之一。亦作乌丸。乌桓族原为东胡部落联盟中的一支。原与鲜卑同为东胡部落之一。乌桓自被曹操击破后，势渐衰落。当时除辽东、辽西、右北平三郡乌桓内迁外，其他诸郡乌桓大多留居原地，并保有一定实力。

■ 赤壁之战场景

周瑜（175—210），字公瑾，人称"美周郎"，庐江郡人，东汉末年三国时期孙吴名将，他指挥的赤壁之战，是我国历史上著名的以少胜多的战役，直接决定了三国时代魏蜀吴三国鼎立的局面。但他于战后两年就病逝了，年仅36岁。

直不知道，直至曹军到达宛城附近时才发现，而刘琮已向曹操投降，却不敢告诉刘备。

刘备发现状况后，既惊骇又气愤，只好立即弃樊南逃。诸葛亮向刘备自荐与鲁肃同回柴桑，向孙权求救。

诸葛亮到达柴桑游说孙权。因孙权不愿受制于曹操，但又担心曹操势强，不能匹敌，于是诸葛亮先说明刘备的军力尚有精甲数万，然后分析出曹操劳师远征士卒疲惫、北人不习水战，以及荆州之民尚未心服曹操的弱点。结论是如果孙刘联合，肯定可以取胜，并明示而后三分天下。

曹操的弱点坚定了孙权抗曹的决心。孙权排除主和派张昭等人的干扰，命周瑜为大都督，程普为副都督，鲁肃为赞军校尉，率3万精锐水兵，与刘备合军共约5万人，逆江水而上，进驻夏口。

曹操的总体部署是，从江陵和襄阳两地出发，向夏口前进。同时在后援、支军及后勤保障方面也作了安排。然后送信恐吓孙权，声称要决战吴地。

208年冬，曹操亲自统军顺长江水陆并进。周瑜率领的军队在夏口与刘备会合，然后两军逆水而上，行至赤壁，与曹军在赤壁相遇。

曹军步骑面对大江，失去威势，新改编的荆州水兵，战斗力差，又逢疾疫流行，以致初战失利，慌忙退向北岸，屯兵乌林即今湖北洪湖境，与孙刘联军隔江对峙。曹操下令将战船相连，减弱了风浪颠簸，利于北方籍兵士上船，加紧演练，待机攻战。

周瑜鉴于敌众已寡，久持不利，决意寻机速战。这时，周瑜部将黄盖针对曹军连环船的弱点，建议火攻。周瑜采纳了黄盖的建议，并立即决定让黄盖用诈降接近曹操战船。

黄盖立即遣人送伪降书给曹操，随后带船数十艘出发，前面10艘满载浸油的干柴草，以布遮掩，插上与曹操约定的旗号，并系轻快小艇跟在船后，顺东南风驶向乌林。

接近对岸时，戒备松懈的

赤壁　史界对于"赤壁之战"发生的地点多有讨论，一般统计，至少有七种"赤壁说"：蒲圻说、黄州说、钟祥说、武昌说、汉阳说、汉川说、嘉鱼说。从现代观点来看，争论的焦点在蒲圻说和嘉鱼说之间，而历史学出版物和已发现文物证据更偏向于蒲圻说。

■ 诸葛亮　（181—234），字孔明、号卧龙，徐州琅邪阳都人。三国时期蜀汉丞相，杰出的政治家、军事家、散文家、发明家。在世时被封为武乡侯，死后追谥"忠武侯"，东晋政权特追封他为武兴王。诸葛亮在后世受到极大尊崇。

历代战争与著名战役

曹军皆争相观看黄盖来降。黄盖择机下令点燃柴草，各自换乘小艇退走。火船乘风闯入曹军船阵，顿时一片火海，迅速延及岸边营屯。

孙刘联军乘势攻击，曹军伤亡惨重。曹操深知已不能挽回败局，下令烧掉战船，引军退走。

孙刘联军水陆并进，追击曹军。曹操引军离开江岸，取捷径往江陵，经华容道遇泥泞，垫草过骑，得以脱逃。曹操至江陵城下，恐后方不稳，自还北方，命曹仁等继续留守，而以满宠屯于当阳。

孙刘联军取得了赤壁之战的胜利。

赤壁之战后，曹操带兵退回北方，从此致力经营北方，再未有机会以如此大规模南下荆州。同时也失去了在短时间内统一全国的可能性。而孙刘双方开始发展自己的势力，进而三分天下，奠定了三国鼎立的基础。

■ 诸葛亮与周瑜蜡像

在赤壁之战中，曹操自负轻敌，指挥失误，加之水军不强，且军中出现瘟疫，最终导致战败。而孙权、刘备在强敌面前，冷静分析形势，结盟抗战，扬水战之长，巧用火攻，创造了我国军事史上以弱胜强的著名战例。

阅读链接

赤壁之战前，孙权对联合抗曹信心不足。

周瑜给孙权综合分析了曹操率北军南下的诸多弱点："曹操舍弃了车马，驾起舟船，来和东吴争高低；再加上天气寒冷，马吃不上水草；中原的士兵从中原赶到这里，在大江上作战，水土不服，肯定是会生疾病的，这几点都是用兵的大忌。我请求你拨5万精兵给我，保证大破曹操的军队。"

孙权听罢，抽刀猛砍桌角，说："有谁再敢说迎接曹操，就和这桌子一样！"

后来孙刘联军终于在赤壁打败了曹操。

以弱胜强的淝水之战

淝水之战，发生于公元383年，是东晋时期北方的统一政权前秦向南方东晋发起的侵略吞并的一系列战役中的决定性战役，有绝对优势的前秦败给了东晋，国家也随之衰败灭亡，北方各民族纷纷脱离了前秦的统治先后建立了十余个小国。而东晋则趁此北伐，把边界线推进到了黄河。

经过淝水之战，东晋王朝有效地遏制了北方少数民族南下侵扰，为江南地区社会经济的恢复和发展提供了必要的契机。

■ 东晋孝武帝司马曜画像

　　东晋孝武帝司马曜开始亲政时，提升谢安为中书监、录尚书事，总揽朝政。谢安极力举荐自己的侄子谢玄出任兖州刺史，镇守广陵，负责长江下游江北一线的军事防守。谢安则自己都督扬州、豫州、徐州、兖州、青州五州军事，总管长江下游。

　　谢玄不负叔父重托，在广陵挑选良将，训练精兵，选拔了刘牢之、何谦等人，并训练出一支在当时最具有战斗力的精兵北府兵。

　　在淝水之战爆发前4年，前秦皇帝苻坚进攻东晋时，谢玄曾率5万北府兵四战四胜，全歼前秦军。战后，谢安因功晋封建昌县公，谢玄晋封东兴县侯。

　　383年，前秦苻坚亲率步兵60万、骑兵27万、羽林郎即禁卫军3万，共90万大军从长安南下。同时，苻坚又命梓潼太守裴元略率水师7万从巴蜀顺流东下，向建康进军。

　　东晋王朝在强敌压境，面临生死存亡的危急关头，以丞相谢安为首的主战派决意奋起抵御。晋帝任命谢安之弟谢石为征讨大都督，谢安之侄谢玄为先锋，率领经过7年训练，有较强战斗力的北府兵8万沿淮河西上，迎击秦军主力。

派胡彬率领水军5000增援战略要地寿阳，即今安徽寿县。又任命桓冲为江州刺史，率10万晋军控制长江中游，阻止前秦巴蜀军顺江东下。

农历十月，苻坚之弟苻融率前秦前锋部队攻占了寿阳，俘虏晋军守将徐元喜。与此同时，前秦军慕容垂部攻占了郧城即今湖北郧县。

东晋胡彬奉命率水军驰援寿阳，在半路上得知寿阳已被苻融攻破，便退守硖石即今安徽凤台西南，等待与谢石、谢玄的大军会合。

前秦苻融又率军攻打硖石，胡彬困守硖石，粮草用尽，难以支撑，写信向谢石告急，但送信的晋兵被前秦兵捉住，此信落在苻融手里。苻融立刻向苻坚报告了晋军兵少，粮草缺乏的情况，建议迅速起兵，以防晋军逃遁。苻坚得报，把大军留在项城，亲率8000骑兵疾趋寿阳。

■ 淝水之战战争场面

■ 谢安（320—385），字安石，东晋政治
家、军事家，官至宰相。曾经与王羲之、孙
绰等贵族游山玩水。他作为东晋一方的总指
挥，在淝水之战以八万兵力打败了号称百万
的前秦军队，致使前秦一蹶不振，为东晋赢
得几十年的安静和平。

苻坚一到寿阳，立即派原
东晋襄阳守将朱序到晋军大营
去劝降。朱序到晋营后，不但
没有劝降，反而向谢石提供了
秦军的情况。

谢石起初认为前秦军兵强
大，打算坚守不战，待敌疲惫
再伺机反攻。听了朱序的意见
后，认为很有道理，便改变了作战方针，决定转守为
攻，主动出击。

农历十一月，谢玄派遣勇将刘牢之率精兵5000奔
袭洛涧。前秦将梁成率部5万在洛涧边上列阵迎击。

刘牢之分兵一部迂回到前秦军阵后，断其归路，
自己率兵强渡洛水，猛攻秦阵。

前秦军惊慌失措，勉强抵挡了一阵，就土崩瓦解，
主将梁成和其弟梁云战死，官兵争先恐后渡过淮河逃
命，多人丧生。这一仗，极大地鼓舞了晋军的士气。

由于前秦军紧逼淝水西岸布阵，晋军无法渡河，
只能隔岸对峙。谢玄就派使者去见苻融，用激将法让
苻融的军队稍向后退，等晋军半渡过河时，再让骑兵
冲杀，这样就可以取得胜利。

但是，前秦兵士气低落，结果一后撤就失去控

朱序（？—
393），字次伦，
义阳平氏人，也
就是今河南省信
阳市。东晋重要
将领，参加过多
场战事并屡建功
勋，虽然曾被俘
并仕于前秦，但
在淝水之战时却
协助东晋战胜前
秦，之后亦继续
在前线为东晋抵
抗北方外族政权
的侵袭。

085

韬略为王

中古时期

制，阵势大乱。谢玄率领8000多骑兵，趁势抢渡淝水，向秦军猛攻。

朱序则在秦军阵后大叫："秦兵败矣！秦兵败矣！"前秦兵信以为真，于是转身竞相奔逃。

苻融眼见大事不妙，急忙骑马前去阻止，以图稳住阵脚，不料战马被乱兵冲倒，最终被晋军追兵杀死。

失去主将的前秦兵越发混乱，彻底崩溃。前锋的溃败，引起后续部队的惊恐，也随之溃逃，行成连锁反应，结果全军溃逃，向北败退。

前秦军溃兵沿途不敢停留，听到风声鹤唳，草木皆兵，以为是晋军追来。

晋军乘胜追击，一直到达寿阳附近的青冈。前秦兵人马大为折损。苻坚本人也中箭负伤，逃回到洛阳时仅剩十余万人。

前秦苻坚惨败淝水，原因众多。其中主要有：骄傲自大，主观武断，不听劝阻，一意孤行地轻率开战；内部不稳，意见不一，降将思乱，人心浮动；战线太长，分散兵力，舍长就短，缺乏协同；初战受挫，就失去信心；不知军

洛阳 最早建成于夏朝，有东周、东汉、曹魏、西晋、北魏等朝代在此定都，因此有"十三朝古都"之称，其与西安、南京、北京并列为中国四大古都，也是我国历史上唯一一个被命名为神都的城市。它还是中华文明和中华民族的主要发源地，被后世称为"千年帝都，牡丹花城"。

■ 谢玄（343—388），字幼度，陈郡阳夏人。东晋名将、文学家、军事家。有经国才略，善于治军。为抵御前秦袭扰，经谢安荐为建武将军、兖州刺史，领广陵相，监江北诸军事。他招组建训练一支精锐部队，号为"北府兵"。

古兵寨

情，随意后撤，自乱阵脚，给敌人提供可乘之机；对朱序等人的间谍活动没有察觉，让对手掌握己方情况，使己陷入被动地位。

东晋军队的胜利，主要的因素归结起来就是：临危不乱，从容应敌；君臣和睦，将士用命；主将有能，指挥若定；得敌情之实，知彼知己；士卒精练，北府兵以一当十；了解天时地利，发挥己军之长；初战破敌，挫其兵锋，励己士气；以智激敌，诱其自乱，然后乘隙掩杀；坚决实施战略追击，扩大战果。

阅读链接

晋军收复寿阳，谢石和谢玄派飞马往建康报捷。当时谢安正跟客人在家下棋。他看完捷报，随手把捷报放在旁边，照样下棋。

客人知是前方送来战报，忍不住问谢安："战况怎样？"

谢安慢吞吞地说："孩子们到底把秦人打败了。"

客人听了，高兴得不想再下棋，想赶快把这个好消息告诉别人。

谢安送走客人，回到内宅，他兴奋的心情再也按捺不住，跨过门槛的时候，踉踉跄跄地，把脚上的木屐的齿也碰断了。这是著名的典故"折屐齿"的来历。

完成统一的建康之战

建康之战是隋文帝杨坚与陈后主陈叔宝之间的战争，时间是588年秋至589年初。它结束了自东晋十六国以来南北连续270年的分裂局面，统一了天下，推动了民族的大融合，有利于当时社会经济的发展和文化的繁荣，同时也为唐代社会经济和文化的发展奠定了基础。

隋文帝开创了先进的选官制度，大力发展文化经济，使得我国成为当时的盛世之国。同时此时也是我国农耕文明的巅峰时期。

■ 隋文帝杨坚彩像

建康之战是隋统一战争中"先北后南"战略的重要组成部分，是隋文帝杨坚集中使用兵力，力避两面作战这一战略特点的体现。

在当时，隋文帝原来决定"先南后北"，即采用北守南攻方针，先巩固北部边防，并部署一定数量的机动部队，以保障南进时后方稳定。

但是，当这一战略即将付诸实施时，北方的突厥突然进犯，对隋王朝构成严重威胁。隋文帝立即变更战略，改为"先北后南"，采用南和北攻方针，撤回南进大军，与南陈交好谈和。

■ 陈后主陈叔宝画像

隋文帝击败突厥后，便开始加紧灭陈准备，并为此采取了一系列改革措施。诸如继续推行均田制和租调力役制，在中央建立三省六部制，在地方推行州、县制，改革府兵制等，发展了社会经济，加强了中央集权，提高了军队战斗力。又经过几年励精图治，国力、军力显著增强。

587年，隋文帝君臣多次谋议灭陈之策，决定采纳尚书左仆射高颎、虢州刺史崔仲方等人的建议，根据长江地理形势与陈军分散守备之特点，实行多路进军而置重点于长江下游的部署。

一方面，在战前多方误敌、疲敌，破坏其物资储

隋文帝杨坚
（541—604年），鲜卑赐姓是普六茹，小名那罗延。隋朝开国皇帝，谥号"文皇帝"，庙号高祖，尊号"圣人可汗"。他统一天下，建立隋朝，并开创了辉煌的"开皇之治"。隋文帝时期是人类历史上农耕文明的巅峰时期。

备，欲乘敌疲惫懈怠之机，然后突然渡江，东西呼应，一举突破取胜；同时在长江上游大造战船，加强水师。

另一方面，在出兵之前，扣留陈使，断绝往来，以保守军事机密。并且派出大批间谍潜入陈境，大量散发诏书，揭露南朝陈后主陈叔宝之罪，以争取人心。

588年秋，隋文帝在寿春置淮南道行台省，以晋王杨广为行台尚书令，主管灭陈之事。隋文帝命晋王杨广、山南道行台尚书令杨俊、清河公杨素为行军元帅，高颎为晋王元帅长史，右仆射王韶为司马，调集近52万人的水陆军，统由杨广节度，从长江上游至下游，分八路攻陈。是年冬，隋军发起攻灭南陈的大规模战役。

随军的八路分为中上游与下游两部。行军元帅杨俊统帅中上游三路，他率水陆军由襄阳进屯汉口，以阻挡中游陈军支援下游南朝陈首都建康。

行军元帅杨素率舟师出永安东下，荆州刺史刘仁恩出江陵与杨素会和，最后抵达汉口

■ 高杨 即隋炀帝（569—618），名英。隋朝第二代皇帝。唐朝谥"炀皇帝"，夏王窦建德谥"闵皇帝"，其孙杨侗谥为"世祖明皇帝"。他在位期间修建大运河，营建东都洛阳城，开创科举制度，亲征吐谷浑，三征高句丽。

■ 杨素（544—606），字处道。隋朝权臣、诗人，杰出的军事家、统帅。他出身北朝士族，与隋文帝深相结纳。杨广即位，拜司徒，改封楚国公。卒谥"景武"。

与杨俊军会和。杨素与刘仁恩军负责将长江中游一带的陈军驱赶到汉口围歼。

行军元帅杨广统帅下游五路，他率领韩擒虎、贺若弼专攻建康，命王世积与燕荣为左右翼协攻江西、三吴。杨广率军出六合，庐州总管韩擒虎出庐，吴州总管贺若弼出广陵，三路集中围攻建康。

蕲州刺史王世积率舟师出蕲春攻九江掩护杨广主力。青州总管燕荣率舟师出东海沿海迂回南下入太湖，以奇袭吴县，深入三吴以支援杨广主力军。

589年正月初一，隋将贺若弼乘长江浓雾和陈叔宝正欢庆春节之机，自广陵即今江苏扬州，率军秘密渡江。此前，由于贺若弼曾多次以假象误敌，所以未被陈军重视。正月初四，陈叔宝才下诏抗击，但已为时过晚。

贺若弼攻占重镇京口即今江苏镇江，擒陈南徐州刺史黄恪，分兵再占曲阿即今江苏丹阳以阻三吴地区增援建康。

韩擒虎攻占姑孰，即今安徽当涂后，与贺若弼夹攻建康。这时的隋军主力也相继渡江，最后形成了大军合围建康之势。

建康 南京古称。东晋、南朝宋、齐、梁、陈五代京师的名称，六朝时期我国的经济、文化、政治、军事中心。六朝时期的建康城是世界上第一个人口超过百万的城市，以建康为代表的南朝文化，与同时期的西方古罗马文化被称为人类古典文明的两大中心，在人类历史上产生了极其深远的影响。

会稽 古地名，故吴越地。会稽因绍兴会稽山得名。公元前2198年，大禹大会诸侯于此。绍兴的会稽山，原来叫做茅山，传说大禹当初召集了全国的诸侯来这里聚会，给有德有功者封爵，禹会后病死而葬于此，为纪念大禹的功绩，诸侯更名茅山为会稽。

与此同时，隋将王世积大败陈将纪瑱于蕲口，即今湖北蕲春境，当地陈军先后请降。燕荣军也自海上进入太湖。当时上游陈军已被杨素、杨俊军阻断，建康以外陈军无法东援建康，这就更进一步创造了建康之战的有利条件。

589年正月二十，陈叔宝在"兵久不决，令人腹烦"的情况下，对贺若弼军发动白土岗之战。他仓促地派鲁广达、任忠、樊毅、孔范与萧摩诃率军出战，于白土岗南北列长蛇阵10千米，首尾进退互不相知。

贺若弼军集中兵力，攻破薄弱的孔范军。陈军全线溃退，贺若弼从建康宫城的北掖门攻入台城。

韩擒虎军占领秦淮河南岸石子冈，即今江苏南京雨花台后，陈将任忠请降，开北岸朱雀门迎韩擒虎入城。

当时陈叔宝身边大臣只有尚书左仆射袁宪一人。袁宪建议庄严地向隋军投降，但陈叔宝畏惧而不从，与爱妃张丽华、孔贵人躲到枯井里面。最后被韩擒虎俘虏，立国30多年的陈国灭亡。

建康被隋军攻下后，南朝陈尚占有长江中游、三吴与岭南地区。589年正月二十二，杨广进入建康，命令陈叔宝发令招降各地陈军。坚守江夏的周

■ 隋代白瓷武士俑

■杨广铜雕壁画

罗睺、陈慧纪与守备长江中游诸城的守将陆续投降，三吴、会稽等地不愿意归附隋朝者，被杨广率军消灭。

建康之战，结束了自东晋十六国以来270多年分裂割据、战乱不止的局面，使中华大地重新统一。这是隋文帝对我国历史发展作出的重大贡献。

阅读链接

根据历史学家考证，南京台城城墙所在地，就是东晋和南朝诸代朝廷旧址，史学界称为台城。

南京台城作为六朝时封建王朝的统治中心的后宫禁城，台城位于都城中部略偏东北，在今东南大学一带，是东晋和南朝诸代政治、军事和思想文化的统治中心，代表了"六朝金粉"的兴衰。六朝时期皇宫的规模很大，仅东晋的宫内大小殿宇就有3500多间，至南朝四代，更是重楼四起，殿阁栉比。

此后台城在历史上屡遭破坏，第一次是侯景之乱，第二次是三年后梁军收复台城时"王师之酷甚于侯景"，第三次是隋灭陈，将建康"城瘭宫阙荡平耕垦"，到了五代十国，杨吴先后三次筑金陵府城，台城被彻底废除。

积极防御的太原之战

太原之战是唐朝在平定"安史之乱"的战争中，唐将李光弼挫败史思明叛军围攻太原的著名防御战，时间是757年春。

太原之战是古代城邑保卫战中以少胜多，以弱制强的一个典型战例，在我国战争史上占有重要地位。此战对稳定战局，掩护朔方战略基地，都具有重要意义。

李光弼在平定安史之乱的过程中，他计谋百出，功劳盖世，谱写了一幕又一幕的战争传奇。

■ 唐将李光弼画像

■ 太原保卫战场景

李光弼在平定"安史之乱"的战争中，百战百胜，屡建奇功。

最出名的是指挥太原之战取得了重大胜利，充分表现了他的军事才能。他指挥的太原之战，是唐军取得的平息"安史之乱"的第一次重大胜利。

755年，身兼范阳、平卢、河东三节度使的安禄山，发动节度使的士兵及同罗、奚、契丹、室韦、突厥等民族组成共15万士兵，号称20万人，在范阳起兵反唐。第二年，他便占领了长安、洛阳，进入"安史之乱"的最高峰。

安禄山遣兵攻陷潼关后，正在博陵围困安史乱党之一的史思明的李光弼部，奉命撤围，西入井陉，返回太原。史思明乘机攻占常山，夺回河北全境。

757年，史思明自博陵、蔡希德自上党、高秀岩自大同、牛廷玠自范阳，四路军兵力共10万之众，会

李光弼（708—764年），唐代营州柳城人，契丹族人。李光弼于756年初，经郭子仪推荐为河东节度副使，参与平定安史之乱。759年，他任天下兵马副元帅。他的主要成就是参与平定"安史之乱"，并取得太原保卫战大捷。

■ 唐肃宗李亨（711—762），唐玄宗李隆基子。唐代皇帝，谥号"文明武德大圣大宣孝皇帝"。"安史之乱"爆发的次年，唐玄宗逃往四川，李亨即位于灵武。他是唐朝第一个在京师以外登基再进入长安的皇帝。

师太原，企图夺取河东，进而长驱直取朔方、河西、陇右等战略要地。

当时，李光弼所统精兵都已被调往朔方，太原所剩只有河北兵5000人，加上地方团练武装，也不满万人。面对叛军的强大攻势，诸将都惶惧不安，主张修城自固。

李光弼认为，太原城方圆20千米，叛军将至而动工修城，是未见敌而先使自己陷于困境。于是，他率领军民在城外挖掘壕沟，并做了几十万个土砖坯。

史思明的大军开始攻打太原，李光弼命令将士用几十万个土坯修筑营垒，哪里被损，就用土坯补上。史思明派人去山东取攻城器械，以蕃兵3000人护送，在途中被李光弼遣兵拦击，将其全歼。

史思明围攻太原月余不下，便选精锐士卒为游兵，让他们进攻城南，再转攻城西，自己则率兵攻城北，而后转攻城东，试图寻找唐军防守漏洞。

李光弼治军严整，警戒巡逻无丝毫懈怠，使史思明无懈可击。

李光弼又派人挖掘地道，通至城外，叛军在城外叫骂挑战，常冷不防被唐军拖入地道，吓得叛军胆战心惊，走路时都低头看地。

河西 河西泛指黄河以西之地，其意在古代有过变化。春秋战国时期，指现在的山西、陕西两省间黄河南段以西地区，约在陕西省的韩城、合阳、大荔一带。汉、唐时多指甘肃、青海两省黄河以西的地区。唐玄宗时置河西节度使管辖甘肃及河西走廊。

史思明用云梯和筑土山攻城，李光弼便令唐军在城下先挖好地道，使其靠近城墙便塌陷。为阻止叛军强行攻城，李光弼还在城上安装抛石器，发射巨石，一发可击毙叛军20余人，叛军死于飞石之下者甚多，被迫后退，但围困愈加严密。

李光弼为打破叛军围困，以诈降手段，与叛军约期出城投降，暗地派人挖掘地道直至叛军军营之下，先以撑木支顶。

到约定之日，李光弼派部将率数千人出城伪降。叛军不知有诈，正在调动出营时，突然营中地陷，顿时一片慌乱。唐军乘机擂鼓呐喊，猛烈冲击，给叛军以重创。

正当太原之战紧张进行时，安禄山被其子安庆绪所杀。安庆绪夺取帝位后，命史思明回守范阳，留蔡希德等继续围困太原。

陇右 "陇右"一词则由陕甘界山的陇山，即六盘山而来。古人以西为右，故称陇山以西为陇右。古时也称陇西。陇右地区位处黄土高原西部，界于青藏、内蒙古、黄土三大高原结合部。唐初贞观年间，将全国划分10道，陇右也列在其中。

■ 太原保卫战场景

■ 唐仪仗队俑

李光弼趁蔡希德势孤之际，果断率军出击，大破蔡希德军，缴获大量军资器械，蔡希德率残兵仓皇逃走。太原之围遂解。

太原之战胜利的消息传来，刚刚继位的唐肃宗李亨下诏奖赏李光弼，加司空兼兵部尚书，仍同中书门下平章事，封为魏国公。

李光弼智谋超群，采用顽强坚守与不断寻机出击相结合的战法，灵活运用地道、石炮等守城战术和装备，可谓出奇制胜，充分表现了他的军事才能。

阅读链接

李光弼与史思明与对阵时，他发现史思明骑兵颇强，因为他有从塞北带来的良马在军中服役。这些马都是公马，对起阵来对唐军威胁颇大。

史思明在没有战事时，便让人赶这批马去河边放牧。日久天长，李光弼想出一条获取这批良马的计谋。

李光弼以高价收购百姓的带驹母马，在叛军到河边放牧时，便传令把收来的那批母马赶出城去，而把马驹留在城中。结果，母马一下子带回了所有的公马。自此李光弼的骑兵战斗力大增，使叛军吃了不少苦头。

从五代十国至元代是我国历史上的近古时期。

这一时期，各民族政权为了问鼎江山，战争不断。诸如宋辽间的澶州之战，宋金间的采石之战，还有宋元间的襄樊之战和崖山海战。

战争之后的议和活动，从某种意义上说，有利于各族经济文化的发展，为国家的统一准备了条件。

这一时期的战略战术均发展到空前高度。战略上主张集中兵力，每战都选择要害之处并力求全歼，战术上常常以步兵抗击骑兵。但两宋抗击骑兵的战略，因时有议和而变为消极防御。

近古时期

罢战言和的澶州之战

澶州之战是宋辽两国之间规模最大的一场战争，也是辽宋关系从长期对抗走向和平相处的转折点，发生于1004年。

此战双方参战军队多达数十万，结果以订立"澶渊之盟"而结束，从军事角度上看是打成了平手。而在政治角度上，有利于双方开展经济文化交流。

"澶渊之盟"订立后，两国之间百馀年间不再有大规模的战事，礼尚往来，通使殷勤。辽朝边地发生饥荒，宋朝会派人在边境赈济，宋真宗崩逝消息传来，辽圣宗"集蕃汉大臣举哀，后妃以下皆为沾涕"。

■ 宋真宗画像

辽宋时期全图

宋太宗赵炅在位时，为夺回燕云十六州，两次进攻契丹均告失败，被迫转攻为守。

宋真宗赵恒继位后，为防御辽攻掠河朔一带，集重兵于定州、天雄军等纵深要地，依托黄河天险，屏蔽都城东京。并在边地广开方田、河道为阻障；缮完城堡，募壮勇扼守，以抗拒辽戎骑攻掠。

1004年，辽为赢得有利结局，决计大举攻宋。辽军先以游骑深入祁州、深州，（今河北安国）和今河北深县南两州境内，探察宋军防御部署。继而，辽圣宗耶律隆绪偕其母承天太后萧绰亲至幽州，即今北京进行谋划。

宋察觉辽企图后，命河北、河东诸路积极部署，做好准备。

不久，辽军会集固安。辽大将萧挞凛率先锋军南进，分兵攻宋藩镇威虏军和顺安军，以及北平寨和保

宋太宗（939—997），赵炅，本名赵匡义，后改名为赵光义，他即位后，继续进行统一事业，鼓励垦荒，发展农业生产，扩大科举取士规模，编纂大型类书，设考课院、审官院，加强对官员的考察与选拔，进一步限制节度使权力，力图改变武人当政的局面，确立文官政治。这些措施顺应了历史潮流，为宋朝的稳定做出了重要贡献。

■ 杨延昭（958—1014），本名延朗，后改为杨延昭，辽国把他看做是天上的六郎星宿"将星"下凡，故亦称杨六郎，山西太原人。北宋前期将领。是北宋抗辽名将杨继业的六子。杨继业舍身保国的高尚气节和身先士卒的勇猛精神，对杨延昭的一生产生了极大的影响。

王钦若（962—1025），字定国，临江军新喻人。北宋初期的政治家，谥"文穆"。王钦若是真宗时期的宰相，属于当时主和派的势力，主张把国都南迁，与当时主战的寇准对立。另外，他亦因为主导编纂《册府元龟》而知名。

州，皆被宋军击败。旋与辽圣宗、萧太后军会合，攻定州，被宋将王超率军阻于唐河。

萧太后初战受挫，遂移师阳城淀（今河北望都东南）休整，并利用宋降将王继忠致书宋帝，试探媾和。

辽军的大举进攻，引起宋朝廷上下恐慌，参知政事王钦若、签书枢密院事陈尧叟等劝说宋真宗暂避金陵或成都。宰相寇准据理相争，力请宋真宗亲征御敌。宋真宗采纳寇准建议，遣将加强各路的防御。

这时，萧挞凛南下祁州、深州；萧太后率主力围攻瀛州，即今河北河间，亲自击鼓督战，遭宋知州李延渥顽强抗击，十余日未克，反丧师3万余众。后撤围南下，会合萧挞凛攻冀州、贝州和藩镇天雄军。

宋军根据战况，将防御重点南移，分定州兵一部赴澶州，并命各路增援天雄军。

辽军自瀛州南趋天雄军，沿途遭宋军抗击。同时，宋以李继隆、石保吉分任驾前东、西两面排阵使，加强澶州及黄河沿岸的防御指挥。这时，宋真宗离京师赴澶州督战。

这时辽军进抵天雄军，攻城不克，转破藩镇德清军。继而逼近澶州，袭取藩镇通利军。

面对强敌，宋真宗亲率禁军在澶州御驾亲征，并登上城墙鼓舞士气。宋军官兵远远望见黄龙御旗，顿时欢呼声回荡在数十里外。

辽军一听宋皇帝来了，斗志一下子就垮了。寇准趁机指挥宋军出击，个个奋勇冲杀，消灭了辽军数千。辽军主将萧挞凛在澶州察看地形时，也被宋禁军伏弩射死。可见大宋禁军果然厉害。

与此同时，杨延昭军也从山西向辽军背后出击，20万辽军几乎被陷入合围死境。

杨延昭英勇善战，镇守边防二十多年，辽国对他非常敬畏。辽人迷信，相信天上北斗七星中，第六颗星是专克辽国的，因为杨延昭对于辽人很有威慑力，辽人以为他是那第六颗星转世，因此称他为"杨六郎"。

寇准（961—1023），字平仲，华州下邽人。北宋政治家、诗人，封莱国忠愍公。1004年冬，辽军南下犯宋，寇准力主宋真宗亲征，反对南迁。宋真宗抵达澶州后，军心渐渐稳定，射杀辽军先锋萧挞凛，订立"澶渊之盟"。寇准善诗能文，今传《寇忠愍诗集》。

■ "澶渊之盟"蜡像

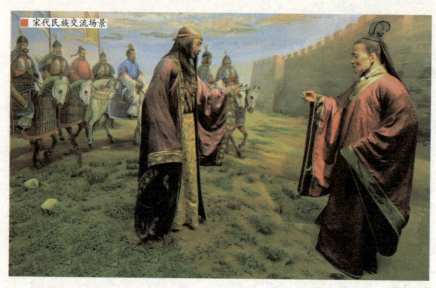
宋代民族交流场景

　　辽军虽攻占宋一些地方，但伤亡惨重，又失大将萧挞凛，战况急转直下，处境不利，亟愿罢战言和，遂加速和谈步伐。于是，宋辽达成撤军协议，然后互换誓书。史称"澶渊之盟"。

　　澶渊之盟是北宋与辽经过多次战争后所缔结的一次盟约。宋辽之间百余年间不再有大规模的战事，礼尚往来，通使殷勤。自此辽人不敢南侵，宋也保障了近百年的太平。

阅读链接

　　1004年辽军侵宋时，宋真宗命令将杨延昭的部下增至万人，驻防静戎之东，保卫河渠，阻挡辽骑兵的入侵。

　　辽军东趋保州，被杨延昭部所打败。在宋辽订立澶州之盟时，杨延昭提出反对意见，见解精辟透彻，但不愿劳民伤财的宋真宗最终没有采纳他的建议。

　　在宋辽订立了"澶渊之盟"后，杨延昭在辽军撤军时，率所部深入辽境，破敌城，俘敌众，算是对皇帝表示了抗议。

　　宋真宗知杨延昭之忠心，没有责怪他，又提拔他为莫州防御使和高阳关副都部署。

江河防御的采石之战

采石之战是南宋文臣虞允文率领军民于采石阻遏金军渡江南进的江河防御战，时间是1161年。此战是宋军民抗金斗争的重要战役，使金军未能如愿从采石矶渡江南侵。金军北撤，虞允文也因此在南宋朝野上下获得了极高的声誉。

采石之战是宋金战争史上具有重要意义的战役，南宋军民在虞允文的指挥下，力挫南侵金军主力，打破了完颜亮渡江南侵、灭亡宋朝的计划，加速了完颜亮统治集团的分裂和崩溃，使宋军在宋金战争中处于极为有利的地位。

■ 虞允文画像

刘锜（1098—1162），字信叔，宋朝名将，甘肃天水人。他通晓兵法与风水五行之术，擅长射箭，声音响亮如洪钟。宋孝宗追封他为吴王，加太子太保。他死后被尊为神。在浙江德清县，有刘王爷庙，奉祀刘锜。他的后人居于闽南，并将他的墓迁到了福建安溪县，1985年安溪县人民政府批准为"安溪县第一批重点文物保护单位"。

金国完颜亮登上皇帝宝座后，梦想一举灭宋，使"天下一家"，自己成为正统。为此，他一面下令大规模调拨军队，制造战船，一面不断指责南宋招纳叛亡，盗买马匹，对和议履行不诚，并制造举兵的舆论。

1161年秋，完颜亮迫不及待地调动60万大军，号称百万，分兵四路南下，大举侵宋。完颜亮亲率东路大军，狂妄叫嚣：最多不过100天，灭掉南宋，统一全国。

金兵南侵已迫在眉睫，宋高宗起用尚在病中的老将刘锜，任命他为淮南、江南、浙西制置使，节制诸路军事，率军迎敌。

不久，金兵逼近淮河北岸，随后抢渡淮河，很快便占领了滁州，把战线又拉到了长江北岸。

刚刚赶到淮阴的刘锜，得知淮西已失守，又接到退守江南的命令，只好引兵退回京口，即今江苏镇江，布置防务。就在这时，金国内部又发生政变。原来完颜雍在部分女真贵人 的拥立下登上帝位，宣布废黜完颜亮。

消息传来，完颜亮见归路已绝，便决定孤注一掷，自杨林渡，即今安徽省和县东渡江，欲取代南宋，在江南扎下跟基。但是，他低估

■ 宋代战争浮雕

■ 宋高宗（1107—1187），姓赵名构，字德基。南宋开国皇帝。在位期间，虽迫于形势以岳飞等大将抗金，但重用投降派秦桧。后以割地、纳贡、称臣等屈辱条件向金人求和。精于书法，著有《翰墨志》，传世墨迹有《草书洛神赋》等。

了南宋方面的力量。

这时，南宋派虞允文前往采石犒师。虞允文来到采石，沿途见到北岸金兵营帐密布，大战一触即发。他看到形势异常危险，便把将士召集起来，激发他们的抗敌热情。

他指出："敌人万一得以渡过长江，我们就是后退也没有生路了。现在我们前有天堑，占有地利，还不如死中求生！况且朝廷养了你们30年，难道还不能一战报国吗？"

将士们听后，都说："谁不愿意杀敌立功？只是没有主将。"

虞允文见群情已起，于是就宣布："朝廷已派李显忠前来负责军务。"

李显忠是深孚众望的勇将，将士们听说他来当主帅，立刻精神大振。

虞允文趁热打铁，接着又对将士说："现在军情紧急，在李将军到任之前，我愿意负责军务，和大家一道杀敌报国。国家是不会亏负我们的！"

在虞允文的感召下，众将士决心为国守土死战。

李显忠

（1109—1177），初名世辅，后赐名显忠。南宋将领。少年时便随父征战金人，金兀术进犯河南，李显忠作为招抚司前军都统制，与李贵一起攻破灵璧县。金兀术又进犯合肥，李显忠支援张浚。李显忠一生驰骋疆场，被大宋皇帝视为干将。

■ 宋朝战争场景

虞允文清点宋军，却只有1.8万余人，战马数百匹而已，与金军相差悬殊。

大敌当前，除了挺身而上，没有退路。虞允文迅速召集将领，研究制订作战方案。最后决定采用水陆相互配合，以水战为主的方法。

宋军部署刚刚完毕，金军船队已在鼓噪渡江了。完颜亮在北岸高台上居中而坐，身着黄金甲，手挥小红旗，指挥几百艘战船从杨林河口出发，直驶长江南岸。船借风势，不一会儿，驶在前面的70多只战船已抵达南岸。金兵弃船登岸，直向宋军冲来。

此时虞允文穿梭于宋军各部之间组织迎敌，见部分金兵登陆，便拍着勇将时俊的背说："你已有胆略闻名四方，此时还立在阵后做什么？"

时俊见虞允文亲临阵地，勇气倍增，大喝一声，挥舞双刀冲向敌阵。士兵们一见将领向前，也随之冲

朝廷 我国古代，被诸侯、王国统领等共同拥戴的最高统领者，从而建立的一种统治机构的总称。在这种政治制度下，统领者一般被称为皇帝。朝廷后来指帝王接见大臣和处理政务的地方，也代指帝王。

了上去，登陆的金兵很快就被全歼。

这时候，江南风力渐弱，宋军水师开始了猛烈反击。在海鳅船上踏车的都是初临战阵的当地民兵，但他们毫无惧色，驾船直冲入金军船队。

海鳅船船体大，速度快，金军战船船体小，与海鳅船相撞，大部分被撞沉，船上的金兵多半淹死在江中。

完颜亮不甘心放弃，他把剩余的船只重新集结起来，准备再次发动进攻。

时近黄昏，一队从他处撤退下来的宋军路过采石，虞允文便动员他们从山后绕到江边，打旗擂鼓。

完颜亮以为宋军援兵来到，不敢再战，急忙命令金军船队向后撤退，舍舟登岸。

宋军强弩手乘胜追射，把金军杀得大败。完颜亮率领残兵败将，退至和州。

鼓 在远古时期，鼓被尊奉为通天的神器，主要是作为祭祀的器具。在狩猎征战活动中，鼓都被广泛地应用。鼓作为乐器是从周代开始的。周代有八音，鼓是群音的首领，古文献所谓"鼓琴瑟"，就是琴瑟开弹之前，先有鼓声作为引导。鼓的文化内涵博大而精深，雄壮的鼓声紧紧伴随着人类从远古的蛮荒一步步走向文明。

109

风云之战

近古时期

■ 宋金时期形势图

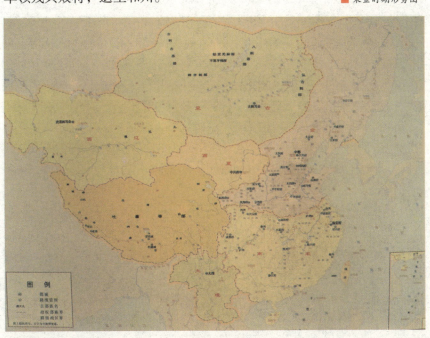

图例

战事演义

历代战争与著名战役

弩 是古代的一种冷兵器，商周时出现。弩也被称作"窝弓""十字弓"。古代用来射箭的一种兵器。它是一种装有臂的弓，主要由弩臂、弩弓、弓弦和弩机等部分组成。虽然弩的装填时间比弓长很多，但是它比弓的射程更远，杀伤力更强，命中率更高，对使用者的要求也比较低，是古代一种大威力的远距离杀伤武器。

■ 南宋虞允文指挥作战浮雕

宋军以少胜多，取得了巨大胜利。虞允文一面向朝廷报捷，一面犒赏将士。但他并未被暂时的胜利冲昏头脑，清醒地认识到，敌军人多势众，并不会因此沉重一击而善罢甘休。

虞允文说："敌军今天败了，明天将卷土重来。"

随后召集众将领连夜重新进行战斗部署：把大部分战船开到杨林河口，封锁金军出入的水道，另派一队海船停泊在上流。

第二天天一放亮，大批金兵果然乘船又来进攻。虞允文指挥宋军对金兵形成夹攻之势，用一种叫做"神臂弩"的劲弩射击敌船。一时间飞箭如蝗，许多金兵应弦而倒。宋军船上的霹雳炮也开始发挥威力，轰击敌船。

宋军经昨日一战，士气大涨，今日作战更加勇

■ 宋军的弓弩手

猛。金军经受不住宋军的夹击，开始撤退。

停泊在杨林河口上流的宋军，此时乘势放火，把金军百余艘战船全部烧毁。经过这一仗，金军在淮西的主力，基本被歼灭了。

金军惨败采石矶，完颜亮仍不甘心。他见军事进攻不成，便企图使用反间计，离散宋军军心。完颜亮写了一封信，派人送至宋营，说是与宋将有约云云。

虞允文识破完颜亮的计策，写了一封回信，表示要同金军再战，决一雌雄。完颜亮见信大怒，却又无计可施，只好下令移师瓜洲渡口，企图从此渡江，夺取京口。

京口此时由老将刘锜把守。刘锜久卧病榻，实际上已不能处理军务。虞允文料想金兵定会由此乘虚而入，便自告奋勇，请求已到任的李显忠拨给他一部分军队，支援刘锜。

信 古代称作"尺牍"。古人是将信写在削好的竹片或木片上，一根竹片或木片约在一尺到三尺之间，所以叫尺牍。"信"在古文中有音讯、消息之义，如"阳气极于上，阴信萌乎下。""信"也有托人所传之言可信的意思。在我国古代的书信中，最著名的是秦朝李斯的《谏逐客书》，还有司马迁的《报任安书》。

李显忠钦佩虞允文的勇气和胆识，立即调拨了1万余人马。虞允文率军星夜开向京口，协助刘锜在江面上进行了严密的防御部署。

金军将领在北岸看到南宋已早有准备，知道渡江难以成功。有一个将领指出，瓜洲江面比采石宽阔，请求完颜亮不要忙着进攻，待退回扬州再做打算。

气急败坏的完颜亮非但不听，反而打了他50军棍，接着下令：军士逃亡者，杀其领队；部将逃亡者，杀其主将。强令金军渡江。这样一来，使得军中人人自危，军心骚动。一些金军将领开始秘密商议，准备起事，杀死完颜亮。

一天早晨，金将浙西路都统耶律元宜率众将完颜亮乱箭射死于营帐中。

此时进攻南宋的其他三路金军，在南宋军民的奋力抵抗下也遭到了失败。耶律元宜见大势已去，便领军从瓜洲向北撤退15千米，用都督府的名义，派人持信到京口议和。

采石之战是一场以少胜多的经典战例。虞允文临危不乱，指挥出色，充分发挥了他的军事才能。经此一战，金国对南宋的威胁暂时解除了。

阅读链接

虞允文是个书生，从来没有指挥过战争。但是爱国的责任心使他鼓起勇气。完颜亮侵宋时，他被派到采石劳军。

有个跟随虞允文一起去的官员悄悄地对虞允文说："朝廷派您来劳军，又不是要您督战。别人把事办得那么糟，您何必背这个包袱呢？"

虞允文气愤地说："这算什么话！现在国家遭到危急，我怎么能，考虑自己的得失？逃避责任"

虞允文看到队伍涣散，十分震惊，就立刻召集宋军将士，认真布防。最后，成功挡住了完颜亮的攻势。

历时六年的襄樊之战

襄樊之战，也称"襄阳之战"，是我国历史上宋元王朝更迭时的关键一战。此战从1267年蒙将阿术进攻襄阳的安阳滩之战开始，中经宋朝吕文焕反包围战，张贵、张顺援襄之战，龙尾洲之战和樊城之战，宋终因孤城无援，于1273年以襄樊失陷而告终，历时近6年。

在这段时间内，双方为了争夺襄樊这个历来被称为兵家必争之地的水路交通要塞，几乎集中了当时世界上最精锐的骑兵和水军，动用了当时能够找到的一切先进武器。

此战之后，南宋几年间败亡，忽必烈统一了天下。

■ 忽必烈画像

忽必烈登基称汗后，把都城迁至燕京，即今北京。接着又着手恢复和发展社会生产，并扩充军队，制造兵器，增修战船，积极为攻取南宋创造条件。

这时，南宋潼川安抚副使刘整因受上司整治，向朝廷申诉无门，愤然以泸州十五郡降附蒙古。刘整的叛降，使忽必烈完全了解了南宋的国情虚实，因此下定了消灭南宋的决心。

忽必烈总结以往攻宋的战略得失，认识到要打开攻宋战争的新战局，必须选准用兵突破口。为此，忽必烈多次召开军事会议，让众将领充分发表意见，献计献策。

最后采纳了刘整的建议，制定出以主力进攻襄樊，扼制长江中游，实施中间突破，然后顺江东下、直取临安的战略方针。

■ 元朝武士画像

忽必烈选择襄樊这块战略要地作为进攻南宋的突破口，正击中了南宋的要害。

襄樊地处南阳盆地南端，西邻关陕，东达江淮，南通荆湖、巴蜀，北距三都，为鄂、豫、陕交通要冲。樊城居汉水北，襄阳在汉水南，两城隔水相对，互为犄角，地形险要，易守难攻，是扼守长江的屏障。

忽必烈出兵前，按刘整的建议，用玉带贿赂依附贾似道的鄂

■ 古代战争场景

州帅吕文德，以置榷场互市为名，秘密在樊城外的鹿门山修筑堡垒，建立了进图襄樊的第一个据点。

1267年冬，忽必烈命大将阿术为主帅，刘整为副帅，备师进攻襄樊，同时出兵川蜀、淮西，配合中路进攻。

南宋派吕文德的弟弟吕文焕知襄阳府兼京西安抚副使，以重兵防守，两军在襄阳城下对峙。

忽必烈向阿术下达围城阻援、先困后攻的作战指导方针。阿术军在忽必烈的授意下，开始在襄阳外围构筑长围，用垒寨连接起来，以阻止城内宋军出击。又派重兵于鹿门山和襄阳西边的万山，以断宋军粮道。

接着在万山、白河口汉水中立栅，切断宋军沿汉水增援的道路，又在德安、京山等地集结兵力，牵制和分散宋军增援部队，保障对襄阳的长期围困。

玉带 通常是指用玉装饰的皮革制的腰带，即革带，俗称玉带板。早期的玉带是一种蹀躞带，即革带上面缀玉的同时又缀有许多勾环之类的饰品，用以钩挂小型器具或佩饰。据记载，蹀躞带最早出现在战国时代，由胡人骑士传入内地。最初的装饰部位主要在腹前正中腰带两端的连接处，重点是带钩，既有玉质带钩，也有铜质带钩。

■ 蒙古军弓箭手

　　蒙古军虽把襄阳围得如铜墙一般，阿术仍然清醒地看到，宋军在战略上处于劣势，但在战术上却具有一定的优势，尤其长于扼守险隘要津和水战，而蒙古军的弱点也恰恰在于水军力量不足。于是，他建议忽必烈增强围城水军的力量。

　　忽必烈采纳了阿术的建议，增调战船5000艘，水兵7万人，投入襄樊战场。蒙古军所筑垒寨得水军之助，如虎添翼，使襄阳守军陷入了孤城困守的境地。

　　以后的战斗过程表明，蒙古军增强水军力量并投入战斗，是一个关系战役全局的战略性变化。

　　1269年春，蒙古军又包围樊城。宋京湖都统制张世杰率兵救援，结果在赤滩浦被阿术军打败。宋沿江制置副使夏贵乘汉水暴涨之机率舟师援襄，在虎尾洲遭到蒙古水军重创。殿前副都指挥使范文虎以舟师支援，在灌子滩又为元军所败。宋军几次入援失败，使得襄、樊两城的守军处境更加困难。

忽必烈派刘整在襄樊前线就地建造战舰，操练水军。又用张弘范议，加强襄樊外围城栅。如此一来，襄樊与外地的水陆交通全部断绝。

襄阳守将吕文焕只能以小渔船渡汉水窥伺军情。他的哥哥吕文德没想到自己当初因贪小利，给朝廷和自己的亲属带来这么大的灾祸，悔恨不已，背发毒疽而死。

吕文德死后，南宋另派在两淮抗击蒙古军有功的李庭芝为京湖制置大使，继续督师进援襄樊。又令太师贾似道的亲信范文虎从中进行牵制。范文虎以贾似道为靠山，相互勾结，根本不以襄阳告急为意，拒不出兵。

吕文焕得不到救援，只好率襄阳守军万余人出击突围，进攻襄阳西面的万山堡，结果被蒙古军击败，被迫又退入城中。在没有南宋援兵的艰苦情况下，襄、樊两城军民利用江面上的一座浮桥相互支援，共同坚守。他们拆房屋作柴，缝钞币当衣，丝毫没有动摇守城的决心。

1271年，忽必烈称帝，改国号为"大元"。范文虎在南宋朝野的

■蒙古骑兵浮雕

战事演义

历代战争与著名战役

■ 蒙古骑兵塑像

蜡书 封在蜡九中的文书。它包括熔蜡、书写、涂墨和脱墨、干燥、脱蜡等工序。具有表面光亮、字迹突出、立体感强，且不退色、宜保存和防潮、防蛀的特点。蜡起源于隋唐时期。相传隋末唐初药王孙思邈曾两次到峨眉山，涉深山采集各种中草药时意外发现的。

一片呼吁下，不得已令总统殿前司两淮诸军援襄，与阿术在湍滩交战，结果大败。

范文虎又率舟师10万、战舰1000余艘，进至鹿门，遭到阿术迎击，再次大败，范文虎乘着夜色逃走。范文虎两次援襄失败后，李庭芝决定组织一支敢死队，进行一次冒死冲击元军防线、入援襄樊的尝试。

李庭芝在襄阳西北的均州和房州招募民兵3000人，并制造轻船，以民兵勇将张顺、张贵为都统，在均州上游水峪加紧训练，进行入援准备。

1272年，3000人敢死队在张顺、张贵的率领下，趁汉水上涨之机，乘船百艘，满载布帛、食盐等物资溯流入援襄樊。敢死队沿途斩断元军布设的铁索、木桩，转战60千米，冲破重重封锁。张顺在途中身中四枪六箭，不幸战死。最后这支援军终于在张贵的带领下到达襄阳城下。城中断绝外援已久，军民们听说援军到了，民心士气为之大振。

为了长久解决襄樊的物资困难，张贵建议联络新郢的交通。他派了两名擅长潜水的勇士，带着蜡书，冒着生命危险突破封锁，到新郢与范文虎联系，范文虎答应约期派兵夹击元军。但不幸的是有人离军叛逃，泄露了张贵的突围计划。

元军加强防备，张贵率军奋力死战，终于到达与范文虎约定会师的地点。可他万万没有想到，怯懦的范文虎竟然违约退兵，使元军抢先占据了龙尾洲，以逸待劳。

张贵孤军奋战，所率勇士全部战死，张贵最后也因伤重被俘壮烈牺牲。此后，襄樊同外界的一切联系又完全断绝了。

元军包围襄樊前后达5年之久，却久攻不下，不

帛　我国战国以前称丝织物为帛。战国时就已经有生丝织成的"帛"。单根生丝织物为"缯"，双根为"缣"，"绢"为更粗的生丝织成。据考古资料，在殷周古墓中就发现丝帛的残迹，可见那个时候的丝织技术就相当发达。

■ 元士兵攻城塑像

牛 富（？— 1273），南宋末抗元将领。1267年，元军大举围攻襄、樊。他与范天顺等率领军民抗击元军，并射书襄阳城中，与守将吕文焕相约、互为犄角。两城坚守6年，他出力居多。城破时率百余人巷战，后头触火柱，壮烈牺牲。

得不调整战略部署，改变战法。

元将阿里海牙在分析了攻守形势后上奏忽必烈："襄阳之有樊城，犹齿有唇。宜先攻樊城，断其声援。樊城下，则襄阳可不攻而得。"

忽必烈采纳了他的意见，命阿术指挥元军，刘整、阿里海牙指挥汉军，加紧进攻樊城。

元将张弘范向阿术献计说："若从陆路攻樊，襄阳出舟师救援，恐难以得手。只有先截断江上浮桥，阻其援兵，再水陆夹击，才能破樊城，那时襄阳就不攻自下了。"

阿术认为有理，遂按此计行动，于1273年正月，派水军焚毁了襄阳通往樊城的浮桥，切断了两城联系。接着，阿术集中水陆兵力，又调来产自西域的巨炮"回回炮"，向樊城发起总攻。樊城守军得不到襄阳的支援，于正月十一城池失陷。

■ 古代战争场景

樊城守将牛富率兵与元军展开巷战，最后身负重伤，投入火中自焚而死。另一位宋将范天顺见大势已去，表示"生为宋臣，死为宋鬼"，在所守之地也自杀身亡。

樊城失陷后，吕文焕不断设法向临安告急。贾似道蒙蔽宋度宗说，襄阳之围一定能解，背后却命令不向襄阳派一兵一卒。

"回回炮"攻城图

元军从樊城移师直攻襄阳，以"回回炮"攻城。吕文焕见待援无望，又害怕"回回炮"的威力，只好献城投降。历时6年的襄樊攻防战，终于以元军全取襄樊而结束。

元军攻占襄樊，使蒙、宋30余年来对峙的僵局被打破，从而使宋、元战局的发生了根本性变化。

阅读链接

南宋将领范天顺四肢发达，孔武有力，看上去很有威慑力，他手中的大刀在军中鲜有敌手。范天顺官爵功业虽然卑微，但忠义之气没有丧失。

襄阳被围，范天顺白天晚上不离战斗一线，一直和将士们在一起。吕文焕出降，范天顺宁为玉碎、不为瓦全，不屈于人，自己缢死，可以说是遇到危难时，不惜献出生命。

南宋朝廷有感于他的气节，赠他定江军承宣使，制书评述其功，又封他的妻子为宜人，以他的两个儿子为官，还赐给500两银子，500亩田。

决定兴亡的崖山海战

■ 宋度宗坐像

崖山海战又称崖门战役，是宋军与元军在崖山进行的一场决定生死存亡的大规模海战，时间是1279年。相传宋元双方投入军队30余万，战争的最后结果是元军以少胜多，宋军全军覆灭。此次战役之后，宋朝也随之覆灭。

崖山之战，是我国古代军事史上一次规模较大的海战，在我国海战史上占有重要地位。它意味着南宋残余势力的彻底灭亡，标志忽必烈最终统一中国。

崖山海战中让人永远无法忘却的是张世杰、文天祥两位英雄。他们是中华民族后世学习的榜样。

元军攻占襄樊后，直逼南宋首都临安。宋朝廷求

■ 宋元战争场面

和不成，于是5岁的小皇帝宋恭帝投降。

宋度宗的杨淑妃在国舅杨亮节的护卫下，带着自己的两个儿子益王赵昰和广王赵昺出逃，在金华与大臣陆秀夫、张世杰、文天祥等会合。接着进封赵昰为天下兵马都元帅，赵昺为副元帅。

元军统帅伯颜继续对赵昰和赵昺穷追不舍，于是他们只好逃到福州。不久，刚满7岁的赵昰登基为帝，改元"景炎"，尊生母、宋度宗的杨淑妃为杨太后，加封弟弟赵昺为卫王，张世杰为大将，陆秀夫为签书枢密院事，陈宜中为丞相，文天祥为少保、信国公并组织抗元工作。

赵昰做皇帝以后，元军加紧灭宋步伐，不久后攻陷福州。赵昰南宋流亡政府直奔泉州。到了泉州，张世杰要求借船，却遭到泉州舶使、商人蒲寿庚拒绝。于是张蒲之间产生矛盾，导致蒲寿庚投降元军。

张世杰 涿州范阳县，今河北省涿州市人。南宋抗元名将，与陆秀夫、文天祥并称"宋末三杰"。张世杰行伍出身，跟随张柔戍河南杞县。蒙古灭金之后，张世杰投奔南宋，成为南宋末年最重要的军事统帅和抗元大将。

张世杰抢夺船只出海，南宋流亡政府只好去广东。赵昰准备逃到雷州，不料在海上遇到台风，龙舟倾覆，赵昰差点淹死并因此得病。由于多年的娇生惯养和自身体质虚弱，赵昰终于病死于广东的硇洲岛上，享年10岁，葬于永福陵，庙号端宗。他死后，7岁的弟弟卫王赵昺在碙州登基，年号"祥兴"。

赵昺登基以后，左丞相陆秀夫和太傅张世杰护卫着赵昺逃到崖山，在当地成立据点，准备继续抗元斗争。不久，在现在的广东和江西两省交界处抗元的文天祥得不到流亡政府的支援，被南宋降元将领张弘范在五坡岭生擒。文天祥作《过零丁洋》诗，最后慷慨就义。南宋在陆地的抗元势力覆灭。

1279年，张弘范大举进攻以赵昺为首的南宋。攻占广州，西夏后裔李恒也带领援军加入战事。起初宋军兵力约有20万人，战船1000多艘；元军只有2万人，战船50余艘，北方人不习海战，多晕眩不支。

这时，宋军中有人建议，应该先占领海湾出口，保护向西方撤退的路线。张世杰为防止士兵逃亡，否决建议，并下令尽焚陆地上的宫殿、房屋、据点；又将下令将宋军船只以"连环船"的办法用大绳索"一"字形连贯在海湾内，把赵昺的"龙舟"安排在军队的中间，坐镇指挥。

元军以小船载茅草和膏脂，乘风纵火冲向宋船。但宋船皆涂泥，并在每条船上横放一根长木，以抵御元军的火攻。元朝水师火攻不成，以水师封锁海湾，又以陆军断绝宋军汲水、砍柴的道路。

宋军吃干粮十余日，口干舌燥，许多士兵以海水解渴，大量呕泄。张世杰率苏刘义等大战元军，张弘范擒张世杰甥韩某，以其向张世杰3次招降不果。

■ 古代军事指挥场景

元军中有人建议张弘范先用火炮，但他认为火炮一旦打乱宋军"一"字阵型，就会令其撤退。于是，他将军队分成四份，宋军的东、南、北三面皆驻一军；张弘范自领一军与宋军相去里余，并以奏乐为以总攻讯号。元军假装奏乐，宋军听后以为元军正在宴会，便稍微松懈了。

正午时分，张弘范的水师于正面进攻，接着用布遮蔽预先建成并埋下伏兵的船楼，以鸣金为进攻讯号。各伏兵负盾俯伏，在矢雨下驶近宋船。两边船舰接近，元军擂鼓助威，一时间连破七艘宋船。宋师大败，元军一路打到宋军中央。

赵昺的龙舟在军队中间，44岁的陆秀夫见无法突围，便先将自己的妻儿赶下海，接着便对赵昺申明大义，赵昺被吓得哭作一团。接着陆秀夫便背着8岁的赵昺毅然蹈海。不少后宫嫔妃和大臣亦相继跳海自杀。

张世杰希望奉杨太后的名义再找赵氏后人为主，以图后举，但杨太后在听闻儿子的死讯后亦赴海自杀，张世杰将其葬在海边。不久张世杰在大风雨下溺死于平章山下。

崖山海战的胜利宣告了忽必烈最终灭掉南宋，元朝统一了全国。

阅读链接

南宋末年著名的民族英雄文天祥少年时生活困苦，在好心人的帮助下才有机会读书。

一次，文天祥被有钱的同学误会是小偷，他据理力争，不许别人践踏自己的尊严，终于证明了自己的清白。通过这件事，更加树立了文天祥金榜题名的志向。

文天祥在抗元作战中被俘，忽必烈许以高官厚禄进行诱惑，文天祥不为所动。

在元大都刑场，监斩官问他还有什么话要说，文天祥喝道："死就死，还有什么可说的？"

说罢向南方跪拜，然后引颈就刑，从容就义。

明清两代是我国历史上的近世时期。

这一时期的战争，主要是巩固统一和反抗外来侵略的战争，反映了我国封建社会鼎盛时期的特点。

明清时期的军事技术有较大发展，古代火器达到鼎盛，出现了炮兵、辎重兵，军队装备和编制也随之发生了巨大变化。

而作战指挥和战术运用也在发展，出现了集中兵力的歼灭战，冷热武器并用的协同战，及依靠人民的卫国战等，体现了运筹帷幄、决胜千里的战争艺术。

决胜千里

近世时期

解除威胁的北京保卫战

北京保卫战亦称京师保卫战，是明朝在兵部尚书于谦的领导下，将蒙古瓦剌首领也先所率攻打北京的大军击退的战争，时间是1449年。于谦和主战派官员领导和组织的京师保卫战，取得了胜利，粉碎了瓦剌军企图夺取北京的野心，明王朝转危为安。

北京保卫战的胜利，不仅增强了京师部队的战斗力，而且还训练出了一支战斗力较强的机动兵力，使瓦剌军不敢窥视京师，并且还促进了边防建设，收复了许多要塞和重镇，使明王朝的统治得到了进一步的加强。

■ 明朝兵部尚书于谦画像

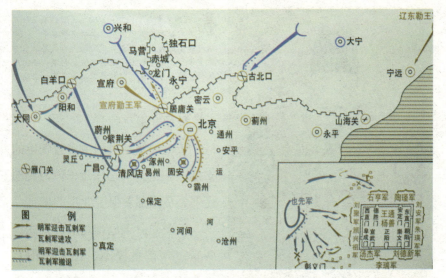

北京保卫战示意图

元朝被推翻后，一部分残余势力逃往漠北，历史上称作"北元"。北元残部经历了几十年的演变和分裂，分成鞑靼和瓦剌等部。

至15世纪中叶，瓦剌部在其首领脱欢、也先的统领下逐渐强盛起来，并统一了蒙古各部，成为明王朝北方的劲敌。

1449年初，蒙古瓦剌部落太师也先以明朝减少赏赐为借口，兵分四路，大举攻明。宦官王振不顾朝臣反对，怂恿明英宗朱祁镇御驾亲征。

行至土木堡，即今河北怀来东，被瓦剌军队追赶上来，并团团围住，两军会战，明军全军覆没，王振被部下杀死，明英宗被瓦剌军俘虏。这就是历史上有名的"土木之变"。

消息传到北京，群臣相对而泣。朝议中，有人提议将国都南迁以解救国难，兵部侍郎于谦站出来，义正词严地予以斥责，并主张现在应立刻调集勤王之

也先 （？—1454），又译额森。出身于准噶尔部，姓绰罗斯氏，顺宁王马哈木孙，脱欢子。明朝时为蒙古瓦剌部首领。曾在土木堡之变中俘虏明英宗，并胁裹英宗包围北京城，后被于谦击退，后议和，送还英宗，恢复贡市。

兵，誓死守卫京师。

于谦的意见得到了多数朝臣的支持。于是，朝廷任命于谦为兵部尚书，负责部署保卫北京的事宜。

于谦受命于危难之秋，首先调两京、河南备操军，山东及南直隶沿海备倭军，江北及北京诸府运粮军，紧急集中北京，又派人到京畿、山东、河南等地招募兵士，速成训练，以备调遣；将通州可供京师一年之用的数百万石粮米运入北京，加强后勤实力。

紧接着，于谦组织军民加固城墙，并疏散城外周围居民，加大防御纵深。又命工部赶造兵器战车，同时将南京库存的军用物资赶运来京。还派人到土木堡收集明军丢弃的盔甲兵器，以充实战备。

这些措施实施之后，在短时间内就组织起了22万兵强马壮的守卫大军，明军的守城实力迅速得到了加强。

1449年秋，也先率瓦剌军分三路大举攻明。东路2万人取古北口（今北京密云东北），作为牵制力量；中路5万人，从宣府方向进攻居庸关；西路由也先亲自率10万主力，挟持明英宗，经大同进攻紫荆关

工部 我国封建时代中央官署名，为掌管营造工程事项的机关，六部之一。明代工部的最高级长官为尚书，别称"司空"，负责掌管全国的百官、山泽、营缮、采捕、陶冶、舟车、织造、屯种等政令，为正二品。

（今河北易县紫荆岭），企图从东、北、西3个方向分进合击，一举夺占北京。

也先由熟知紫荆关设防部署的被俘太监喜宁引导，率军偷越山岭，内外夹击，攻克了紫荆关。此后，又挥师南下，经易州（今河北易县）北上直逼北京。

于谦得到瓦剌入侵的战报后，立即奏请明景帝朱祁钰，急调各地宗室的部队进京勤王，以配合北京守军夹击瓦剌军。接着于谦召集抗战指挥集团，商讨作战方略。

针对敌人的来势，兵马司提出，拆毁城门外民房，实行坚壁清野，以利于战守。都督王通发表意见说：发动军民在城外挖深壕，前筑工事据守。

总兵石亨则主张军队全部撤入城内，尽闭9座城门，坚壁死守。众将领虽然意见不尽一致，但都认为瓦剌军来势凶猛，应先避敌锋芒，以守为主。

于谦不同意这些意见，认为不应该消极防御，他向众将领陈述了自己的主张："瓦剌现在气势嚣张，据守不战则表示我们害怕他们，这就会更加助长敌人的气焰。我们

131

决胜千里

近世时期

■ 明北京保卫战场景

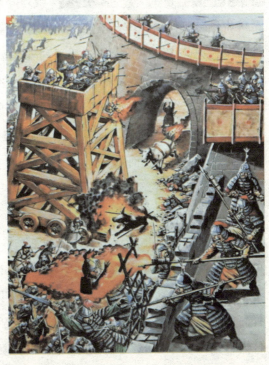

■ 于谦 （1398—1457），字廷益，号节庵。明英宗时期重臣，谥为"忠肃"。瓦剌兵逼京时，于谦督战，终迫也先遣使议和，使明英宗得归。于谦与岳飞、张煌言并称"西湖三杰"。

不能示弱，让他们轻视我们。我认为应该列阵于城外，用冲锋来迎战他们。"

众人听后，也觉得拒敌于城外更为主动，都同意了于谦的主张。最后，于谦同众将领协商制定了依城为营、以战为守、分调援军、相互配合的作战部署。

于谦随即将调集的22万军队依城列阵于9门之外，都督陶瑾、刘聚等将领分别统兵列阵于安定门、西直门等城门下，于谦则同石亨指挥诸军，并亲率副总兵范广、武兴列阵在德胜门外，挡住瓦剌军的来路。同时派都督王通、副都御史杨善率一部分兵力防守城内。

布置完毕，于谦下令闭门誓师，宣布任何人即使战败也不得退入城内。并且还规定，将领临阵不顾军队先退的，斩首；军士不听将领指挥先退的，后队斩前队。

于谦甲胄披身，眼噙泪花，号召守城三军："要用我们的头颅与热血，来雪皇帝被俘的奇耻大恨！"

不久，瓦剌军主力逼近北京。也先命军队列阵于西直门，而把明英宗放置在德胜门外，想要迫使明政府献城投降。

于谦不为所动，决定先发制敌，打一打也先的气焰，于是命令都督高礼、毛福寿率军出击，在彰义门北，打败了瓦剌军先锋，斩杀数百人，夺回被俘者千余人。这天晚上，于谦又派薛斌率军潜入瓦剌军营，偷袭成功。瓦剌军受此两挫，士气大为折损。

也先原以为明军不堪一击，没想到北京守军阵严气盛，战斗力这么强，开始感到有点惊恐。也先料想如果继续打下去，恐怕于己不利，便采纳了投降太监喜宁的计策，遣使入城，邀明政府派大臣"迎驾"议和，妄图诱于谦、石亨等人前来，将其扣留，使明军失去指挥，不战自溃。

于谦马上意识到这是一个阴谋，但为了揭穿也先的诡计，掌握主动，遂派赵荣、王复前往谈判。同时，于谦下令守城将士不得谈论议和之事。

也先见于谦、石亨等重要将领未到，就借口来使官小，不与谈判，要于谦、石亨、王直等人亲自前来。

这时朝中主和派又乘机大倡和议之策，明景帝一时难以决断，就派人征求于谦的意见。

于谦坚定地回答："现在我只知道有战事，其他事一概不愿听到。"并劝明景帝，"当前应以社稷为重，君为轻。"于谦的一番

■ 明代士兵雕像

神机 军队名。明代京城禁卫军三大营之一，是明军中专门掌管火器的特殊部队。明成祖在亲征漠北之战中，提出了"神机铳居前，马队居后"的作战原则，神机营配合步兵、骑兵作战，发挥了重要作用，使火器的应用更趋专业化，神机营也成为明军的一个兵种。

■ 明北京保卫战场景

话，坚定了明景帝抗战的决心，粉碎了也先的阴谋。

诡计不成，也先撕下了议和的伪装，集中主力向德胜门发动进攻。于谦令石亨在城外民房设置伏兵，派小队精骑主动迎击，交战后佯装败退，诱使敌人进入设伏地域。

也先果然中计，率万名骑兵紧追不舍。明军出其不意，指挥神机营突然发射神铳、火箭，打得瓦剌军晕头转向。石亨乘机率伏兵投入战斗，前后夹击，瓦剌军死伤无数。

号称"铁颈元帅"的也先弟弟勃罗和平章卯那孩也中炮身亡。也先这时才发现明军主力就在德胜门，于是急忙撤军，集中力量转攻西直门。

都督孙镗率西直门部队迎击瓦剌军，杀败了瓦剌军先锋。但也先不断增兵，孙镗力战不支，想退入城中。负责监军西门的给事中程信严令不许开城门，让城上守军发射火器轰击瓦剌军，配合孙镗守军战斗。

就在这时，高礼、毛福寿和石亨率援兵从彰义门、德胜门赶到，会合孙镗三面围攻瓦剌军。瓦剌军抵挡不住，在也先的率领下仓皇向西南方退去。

■ 明代将军蜡像

第二天，也先整顿兵马，再次进攻彰义门。于谦派武兴、王敬率军迎战。

明军前队以神铳轰击，后队列弓弩继进，将瓦剌军击退。而明景帝所派的监军太监率数百骑企图抢前争功，冲乱了明军的阵势，副总兵武兴中箭牺牲。瓦剌军乘势反击，追至德胜门外的土城。

在此危急时刻，土城居民纷纷爬上屋顶，大声呼喊，向瓦剌军投掷砖石，配合明军攻打瓦剌军。金都御史王弦和都督毛福寿又率援军赶到，再次打退瓦剌军的进攻。

与此同时，进攻居庸关的5万瓦剌军也遭到守关明军的顽强抵抗，被迫撤退。

也先见北京城防守严密，屡战不利，手中的明英宗又失去了要挟作用，在得到中路军兵败居庸关的消息后，又获悉各地勤王军即将到达，他害怕后路被切

德胜门　始建于1437年，明清北京城内城九门之一，是由城楼、箭楼、闸楼和瓮城等组成的群体军事防御建筑。元为健德门，为出兵征战之门，寄语于"德胜"二字。此后，历代都对城门和箭楼进行维修。德胜门自古就是北京重要的交通枢纽。明清两代，德胜门正面迎击来自北方的军事入侵，是北京城最重要的城防阵地。这里曾经发生过著名的北京保卫战。

断，于夜间偷偷拔营撤走。

于谦发现也先撤军，立即派石亨等集中火炮轰击，并急令明军乘胜追击，又在固安、霸县歼灭瓦剌军万余人，擒获其将领48人，夺回被掳人口、牲畜数以万计。

至此，北京保卫战取得了完全的胜利。

瓦剌败退后，于谦继续加强北方边镇的防务。也先几次出兵南犯，都被击退。在武战不胜、求和不成的情况下，瓦剌被迫无条件释放明英宗回朝，恢复了对明代的臣属关系。

其后，瓦剌内部矛盾不断加剧，势力渐衰，明朝北方边境的威胁得以解除。

战事演义

历代战争与著名战役

阅读链接

于谦是明朝有名的清官，深得老百姓的爱戴，被尊称为"于青天"。

于谦六十岁寿辰那天，门口送礼的人络绎不绝。于谦叮嘱管家，一概不收寿礼。就连皇上派人送的一只玉猫金座钟，也被拒之门外。

于谦办事铁面无私，清廉不赂，得罪了朝廷中的一些贪官。后来于谦在贪官的诬陷下，被皇帝罢官问罪。

于谦在牢里写下了这样的一首诗："千锤万击出深山，烈火焚烧若等闲。粉骨碎身全不怕，要留清白在人间。"

第一次反侵略的抗倭之战

　　明抗倭之战是我国历史上第一次反侵略战争，从1555年开始的人民抗倭斗争，到1563年民族英雄戚继光率领"戚家军"打败倭寇，前后历经8年，最终取得了抗倭战争的胜利。平定倭患，维护了民族尊严和国家主权，使人们能安居乐业，发展生产。

　　此次军民抗倭战争的胜利，基本上消除了明代近200年的倭患，是抗击外来侵略、保卫祖国海疆的著名范例，也为我国海防建设提供了宝贵的历史经验。

■ 明抗倭将领戚继光画像

■ 戚继光（1528—1588），字元敬，号南塘，晚号孟诸，山东登州人。明代著名抗倭将领、军事家，卒谥"武毅"。率军于浙、闽、粤沿海诸地抗击来犯倭寇，历10余年，经大小80余战，终于扫平倭寇之患，被誉为民族英雄，世人称其带领的军队为"戚家军"。

　　元末明初，日本正处于南北朝分裂时期，封建诸侯割据，互相攻伐。在战争中失败了的封建主，就组织武士、商人、浪人到我国沿海地区进行武装走私和抢掠骚扰，历史上称其为"倭寇"。

　　明初，国力强盛，重视海防设置，因此，倭寇未能酿成大患。

　　明正统以后，海防松弛，加之沿海一带私人经营的海上贸易十分活跃，倭寇祸患越来越严重。这些海商大贾、浙闽大姓为了牟取暴利，不顾朝廷的海禁命令，和"番舶夷商"相互贩卖货物。

　　他们成群分党，形成海上武装走私集团，有的甚至亡命海外，勾结日本各岛的倭寇，于沿海劫掠。这些海盗商人与倭寇勾结，使得倭患愈演愈烈。

　　1555年春，由汉、壮、苗、瑶等族人民组成的抗倭军队，在明爱国将领张经领导下，于浙江嘉兴北的王江泾大破倭寇。这是抗倭战争取得最大胜利的一次，称为"自有倭患来，此为战功第一"。

　　同年秋天，明朝著名抗倭将领戚继光从山东调到浙江御倭前线，任卫指挥佥事。次年被推荐为参将，镇守宁波、绍兴、台州三府，不久又改守台州、金

战事演义

历代战争与著名战役

张经（1492—1555），字廷彝，号半洲，福建候官县人。谥"襄敏"。在东南倭寇猖獗时，明政府命张经总督江南、江北、浙江、山东、福建、湖广诸军，专办讨倭，便宜行事。张经选将练兵，并请调狼筅兵和土兵，获得王江泾大捷。

华、严州三府。这些地区是倭寇时常出没、遭受倭患最严重的地方。

戚继光到任后，决定招募新军。经过几个月的严密组织和艰苦训练，他建立起一支以义乌农民和矿夫为主的3000新军，并创造了"鸳鸯阵"的战术，用以训练士兵。这支军队英勇善战，屡立战功，被誉为"戚家军"。

1561年，2000余人倭寇乘50余艘船，聚集于宁波、绍兴海面伺机入侵。戚继光立即督舟师出巡海上。倭寇遂离开台州防区骚扰奉化、宁海，以吸引明军，而后乘机进犯台州。

戚继光命军队一部分守台州，一部分守海门，自率主力赴宁海。倭寇侦知戚家军主力去宁海，台州空虚，遂分兵三路分别进攻台州桃渚、新河、沂头。戚继光部署的兵力，与敌人展开了台州大战。

倭寇 一般指13世纪至16世纪期间，以日本为基地，活跃于朝鲜半岛及我国大陆沿岸的海上入侵者。曾经被归于海盗之类，但实际上其抢掠对象并不是船只，而是陆上城市。在倭寇最强盛之时，他们的活动范围曾远至东亚各地、甚至是内陆地区。

■ 明将领戚继光指挥作战画面

鸟铳 旧时指枪一类的火器。是明朝对新式火绳枪的称呼，因为枪口大小如鸟嘴，故称为鸟铳，又称鸟嘴铳。清朝改称鸟枪。我国发明的火药及火器，在14世纪初经阿拉伯传入欧洲以后，经过那里火器研制者们的仿造和改进，制成了在构造和性能上都比明代前期火铳优越的新型枪炮，之后再传回中国，称为鸟铳。

倭寇乘机大肆抢掠新河城外各地。城内精壮士兵大都出征，留守者人心惶惶。戚继光夫人挺身而出，发动妇女守城，迫使倭寇不敢贸然逼近。第二天，在宁海的戚继光令胡守仁率部驰援新河。

倭寇逼近新河城下时，援军赶到，双方展开激战。入夜，戚家军打败倭寇，残倭从铁岭方向逃走。次日，戚家军乘胜追击，将残倭打得落花流水。

戚继光击败宁海之倭后，听说进犯桃渚之敌焚舟南流，改进精进寺。他认为敌人这样做，是想乘虚侵犯台州府城，于是挥师南下，决定急行军先敌到达府城。于是，双方于离城仅一千米的花街展开激战。

戚家军前锋以火器进攻，杀死敌人前锋头目，敌人主力大败退逃。戚家军即分兵两路猛追，将一股敌人沉于江水中，另一股被歼灭于新桥。只一顿午饭的工夫就结束了战斗，战果颇丰。

■ 戚家军杀敌塑像

明代军民携手抗倭场景

　　5月1日，泊于健跳沂头海面的倭寇进至台州府城东北的大田镇，妄图劫掠府城。戚继光率军人在大田岭设伏，与倭寇对峙。敌人闻有备，遂逃至大田，欲窜犯仙居，劫掠处州。

　　大田至仙居必经上峰山，山南是一狭长谷地，便于伏击敌人。戚继光先敌人到达上峰岭，令每人执松枝一束隐蔽身体，严阵待敌。倭寇列10千米长队向仙居方向行进。

　　戚家军待倭寇进入伏击圈，鸟铳齐发，并列成一头两翼一尾阵，居高临下，勇猛冲杀。倭寇措手不及，仓皇应战，当即有数百人缴械投降。余倭被迫退至白水洋朱家大院，被戚家军全部被歼。

　　不久，戚家军又取得了藤岭战斗的胜利，还消灭了窜犯宁海以北团前、团后占据长沙的倭寇。从四月下旬开始，戚家军以少敌众，在一个多月的时间里连续取得了新河、花街、上峰岭、藤岭、长沙等战斗的胜利，消灭倭寇数千人，使侵犯台州的倭寇遭到毁灭性的打击。

刘显 （1515—1581），本姓龚，字惟明，江西南昌人。明抗倭名将。与戚继光、俞大猷等连续破倭。继任狼山总兵，统制大江南北，防倭进犯。进官都督同知、左军府都督、太子太保。其子刘綎也是明代著名将领。

鸳鸯阵 明朝军队抗击倭寇时采用的一种疏散的战斗队形。军事将领戚继光，根据东南沿海地区多丘陵沟壑、河渠纵横、道路窄小和倭寇的作战特点等情况，创立了此阵。以形似鸳鸯结伴而得名。

倭寇窜犯宁波、温州，戚家军和其他明军配合，全歼倭贼，此后，倭寇未再大规模进犯台州地区，浙江的倭患基本平息。浙江倭患平息后，倭寇纷纷南下骚扰福建，福建成为倭患中心。

1562年夏，戚继光被派往福建剿倭。他入闽碰到的第一个倭巢是横屿，这是福建宁德县城东北海中的一个小岛，岛上倭寇有数千人，盘踞数年，明军无可奈何。

戚继光决心攻拔这一据点。他让士兵每人拿一束草，随进随用草填泥，士兵摆成鸳鸯阵，戚亲自击鼓，士兵在战鼓声中踏草前进。

上岸后，兵士奋勇当先，与倭寇展开激战。后续部队也涉过泥滩，双方夹击，乱了敌倭的阵势，很快占领了倭巢，并将其焚毁。此战取得了入闽抗倭的第一次胜利。

横屿之战后，戚家军在宁德稍作休整，便向福清

明代福建沿岸军民同仇敌忾抗倭场景

戚继光操练水军图

挺进，相继攻拔福清境内的数个倭巢，，顺利抵达福清城，并在福清牛田大败倭寇，大部歼灭。

同年秋，奇袭盘踞林墩的倭贼，消灭了兴化一带的倭贼。十月间，戚家军班师回浙江，从事休整和补充兵员，以俟再战。

戚继光回浙后，倭寇又大肆劫掠福建沿海，攻陷兴化府城，在城中烧杀抢掠无恶不作，盘踞两个多月才弃空城退出，经岐头攻陷平海卫，以此为巢，四处骚扰。

福建再次面临倭患的威胁。明政府调新任福建总兵俞大猷和先期援闽的广东总兵刘显与戚继光一道抗击闽倭。

1563年春，戚继光抵达福建，立即察看倭巢地形。在攻击平海卫倭寇的战斗中，戚家军为中军，担任正面进攻，俞大猷军为右军，刘显军为左军，从两翼配合攻击。

戚家军以一部分为前导分兵三路，以火器打乱倭贼前锋骑兵，乘势发动猛攻，两翼部队投入战斗。倭寇三面受敌，狼狈窜回老巢。三路明军乘胜追击，将敌人围困巢中，并用火攻，荡平了倭巢。

平海卫之战后，戚继光又率部消灭了原侵扰政和、寿宁的倭寇。

明代戚继光所创戚家刀

随后，又相继大败倭寇于仙游城下、同安王仓坪和漳浦蔡丕岭，斩获颇多。至此，福建倭患基本平定。此外，戚继光与俞大猷配合，歼灭了广东的倭寇。

至此，明东南沿海抗倭之战取得了最后胜利。

戚继光率领戚家军实现了他的灭倭志向。在剿倭战争中，戚继光与士兵同甘共苦，严格要求士兵不准扰害百姓，做到兵民相体。

在战略战术上，攻其无备，出其不意，进攻重集中兵力打歼灭战，防御重积极主动而不是机械地死守，在防御中伺机反攻。

创造了独树一帜的"鸳鸯阵"，发挥集体互助、长短兵器相结合的机动、灵活、严密的作战力量，有效地打击了敌人。

这是戚家军屡败倭寇的重要原因，也是戚继光和戚家军留给后人的一份宝贵财富。

阅读链接

1562 年，一伙倭寇扎营在福建宁德边的横屿上，小岛四面环水，退潮时尽是泥沼。倭寇凭借有利地形，在岛上又修筑了坚固的工事，陆军难以进攻，水军也无法靠近。

为了消灭这股敌人，戚继光察看地形后，制定了陆军进攻的方案。他命令战士们在海水退潮时，快速地在烂泥上铺上稻草，冲上横屿。

天降神兵，倭寇毫无准备，经过短暂的激战，敌人被戚家军全歼，倭寇盘踞3年的横屿一举收复。戚家军从此威名远扬，倭寇称戚家军为"戚虎"。

重要转折点的萨尔浒战役

　　萨尔浒战役是明清之际的重要战役，时间是1619年。此战本由明方发动，后金处于防守地位，然而该役竟以明军惨败而告终，并由此成为了明清战争史上一个重要的转折点。

　　萨尔浒战役也是集中优势兵力进行各个击破，以少胜多的非常典型的战例。

　　此役之后，明对后金战略态势由主动变为被动，明帝国于东北地区的藩篱逐渐丧失，日后虽调兵遣将、增加粮饷却再也无法获得对后金战略的主动权，直至王朝覆灭。

■ 努尔哈赤画像

■ 明军战士蜡像

马林（？—1619），河北蔚州人，明朝名将马芳次子。以父荫升总兵。在萨尔浒之战中，马林被大贝勒代善、二贝勒阿敏、三贝勒莽古尔泰各率军前后夹击，大败。马林两子马燃、马熠，皆战死。

1618年春，后金的努尔哈赤发兵向明军进攻，在辽东节节胜利，使北京举朝震骇。

为了安定辽东，早日遏制后金势力，明政府命杨镐为辽东经略，以杜松、马林、李如柏、刘綎等为副，调兵筹饷。经过9个多月的准备，赴辽的明军都先后到达，总共有10万余人，号称47万大军。

杨镐与诸将议定，分四路进攻后金，总兵刘綎率军出宽甸由东；总兵马林率军出三岔口由北；杜松率军出抚顺关由西；李如柏率军出鸦鹘关由南，其中以西路杜松为主力，皆直指赫图阿拉。此外，王绍勋总管各路粮草，杨镐坐镇沈阳。

努尔哈赤在掌握了明军的战略部署和行动计划后，正确地分析了形势，认为明军是采用分兵合击，声东击西的战术。

因此，只派500人抵御和阻滞东路的刘綎军，而把全部兵力集中起来，打击从西而来的杜松的明军主力，所谓"凭尔几路来，我只一路去"。

努尔哈赤的这一部署是正确的，因为从兵力上看明军有10万多人，而后金只有6万人，处于劣势。但明军分成四路，兵力分散，再加上刘綎、马林和李如柏三路山高水险，行军困难，一时不易到达，只有杜松一路出抚顺，渡浑河，沿苏子河而上，道路平坦易行，两日就可到达赫图阿拉。

努尔哈赤亲自统率八旗大军迅速开赴西线，阻击明军。两军于辽宁抚顺东浑河南岸的萨尔浒一带相遇，揭开了著名的萨尔浒战斗的序幕。

1619年春，杜松率领3万明军，出抚顺关，到达萨尔浒。在得知后金正派兵构筑界凡城，阻挡明军东进后，杜松留下2万人驻守萨尔浒，自领1万人攻打界凡城。这其实是把已经分散的兵力再行分散了。

此时，努尔哈赤率领八旗兵已到界凡以东，迅速地抓住了各个击破的战机。他派代善、皇太极带领两旗截击杜松，自己亲率六旗猛打萨尔浒的明军。

明军遭到突然攻击，纷

杨镐 （？— 1629），字京甫，号凤筠，商丘人。明末将领。建州女真公开叛明时，明神宗以杨镐为兵部右侍郎经略辽东。他部署四路军，企图分进合击后金军，但因在萨尔浒兵败，受到御史交章劾奏，因此下狱，后被杀。

■ 清代八旗甲胄

正黄旗铠甲　镶黄旗铠甲　正白旗铠甲　镶白旗铠甲
正蓝旗铠甲　镶蓝旗铠甲　正红旗铠甲　镶红旗铠甲

历代战争与著名战役

刘綖（1560—1619），本名龚綖，字子绶，号省吾，江西南昌人。明末著名将领，后世誉为"晚明第一猛将"。一生经历平缅寇、平罗雄、平朝鲜倭、平播酋、平保、大小数百战，威名震海内。最后战死于萨尔浒之战。

纷逃往萨尔浒河西岸，结果在得力阿哈一带全部被歼。而杜松在吉林崖下，陷入重围，杜松丧生，全军覆没。

这时，马林率明军与叶赫兵出三岔口，扎营于富勒哈山的尚间崖，派潘宗颜领一军驻守斐芬山，又遣龚念遂率一军守卫斡辉鄂模，互为犄角，彼此支援。

努尔哈赤在西线消灭明兵主力以后，乘胜挥戈北上，4月15日，首先击溃了驻守斡辉鄂模的明军，随后又攻打尚间崖。明兵大败，马林仅以身免，逃往开原，斐芬山的明军也被攻灭。

刘綖一路虽然出师最早，但由于山道陡峭，大雪封山，进军迟缓，才刚到达深河。

后金的少数守军沿途拦截，且战且退，竭力阻滞明军的前进速度。刘綖进抵阿布达里冈，姜弘立率领的朝鲜援兵到达富察，距离赫图阿拉还有五六十里。

这时，努尔哈赤已在西北两路获胜，立即派扈尔汉、阿敏、代善、皇太极先后出发，日夜兼程赶赴东线，很快在东线集中了3万多人，伺机而动。

■ 皇太极（1592—1643），爱新觉罗·皇太极，努尔哈赤第八子。努尔哈赤去世后，皇太极受推举袭承汗位，称天聪汗，1636年改女真族名为满洲，在沈阳称帝，建国号"大清"。

明军毫无戒备地继续前进，后金军突然出击，冲断前后，刘綎战死，全军覆没。

代善随之集合八旗兵，攻打富察一带的朝鲜军。姜弘立的军营被紧紧围住，于是自姜弘立以下，全军投降。

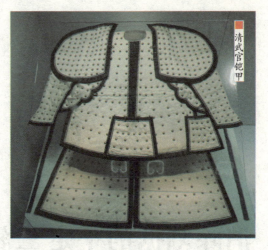
清武官铠甲

杨镐惊悉三路丧师，急令李如柏撤兵，明朝的四路大军只有这一路逃脱了败灭的厄运。

萨尔浒战役是集中使用兵力、选择有利的战场和战机，连续作战、速战速决、各个击破，在战略上以少胜多的典型战例。

努尔哈赤在5天之内，在3个地点进行了3次大战。战斗前部署周密，战斗中勇敢顽强，战斗结束后迅速脱离战场，立即投入新的战斗，充分显示了他机动灵活的指挥才能和后金将士的勇猛战斗作风。

后金从此由战略防守转入了战略进攻阶段。

阅读链接

努尔哈赤小时候受到很深的汉文化的熏陶，并担任过明朝下级军官。1582年塔克世与祖父觉昌安被尼堪外兰害死。为报仇，努尔哈赤次年率领部众去攻打尼堪外兰，也正式开始了统一女真的大业。当时装备短缺，仅有13副盔甲。

1587年努尔哈赤攻克佛阿拉城，自称可汗。1603年迁都到赫图阿拉。1606年努尔哈赤被蒙古诸部尊称为"昆都仑汗"。

1616年，努尔哈赤在赫图阿拉自称"安巴庚寅汗"，国号"大金"，史称"后金"，成为后金大汗。从此，起兵反明。

消除割据的平定三藩之战

三藩之乱，是我国历史上清朝初期，三个藩镇王发起的叛乱事件。三藩是指平西王吴三桂、平南王尚可喜、靖南王耿精忠。平定三藩之战是清康熙时消除南方三藩割据势力、实现国家统一的战争，时间为从1673年至1681年。

这次平叛战争的胜利，清除了地方割据势力，避免了国家分裂，有利于多民族统一的国家的巩固和发展。

同时中央集权力量得到加强，提高了抗御外敌的能力。平定三藩，是清廷真正完成统一、确立稳定的皇朝统治的标志。

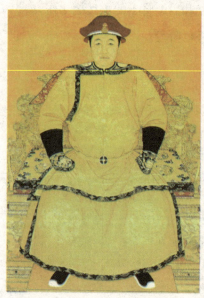

■ 康熙画像

■ 清代全图

"三藩"指镇守云南的平西王吴三桂，镇守福建的靖南王耿精忠，镇守广东的平南王尚可喜。他们本为明代辽东边将，后来降清。

清政权建立后，他们因功被封为王，享受高官厚禄，作为清朝控制南方边远地区的藩篱。他们利用这一机会，保存并扩大自己的实力，拥兵自重，割据一方，与中央政府抗衡。

吴三桂割据云南，大肆圈占民田，把耕种这些土地的各族农民变为自己的佃户，制定各种繁重的赋役，强迫农民纳租纳税。

同时，广征关市，榷税盐井、金矿、铜山之利；尚之信在广东令其部属私充盐商，恣意盘剥；耿精忠在福建也是横征盐课，勒索银米。

"三藩"各拥有雄厚兵力，巨额的军费开支，全

尚可喜（1604—1676），字元吉，号震阳，祖籍山西洪洞，后至河北衡水。尚可喜戎马一生，身经百战，转战数万里，为清王朝的建立和巩固立下了汗马功劳，在清代历史上写下了浓重的一笔。

漕运 我国历史上一项重要的经济制度，就是利用水道调运粮食，主要是公粮的一种专业运输。是古代历代封建王朝将征自田赋的部分粮食经水路解往京师或其他地方的运输方式。水路不通的地方辅以陆运，多用车载，又称"转漕"或"漕辇"。漕运方式有河运、水陆递运和海运三种。

由国库支付，造成天下财富半耗于"三藩"的局面，清财政面临巨大的困难。

"三藩"割据势力的膨胀，严重威胁清朝政府的国家统一，双方的矛盾日益尖锐起来。

康熙初年，清中央政府逐渐对"三藩"采取了限制政策，着重限制"三藩"中实力最强大的吴三桂，如命令他缴还大将军印，同意他辞去云贵总管，罢其除吏之权等。这些措施除了加深双方矛盾外，并没有从根本上解决问题。

玄烨亲政之后，以"三藩"及河务、漕运为三大要务，对飞扬跋扈的"三藩"割据势力，夙夜忧心。除掉鳌拜后，决计清除"三藩"。

1673年春，尚可喜请求告老归辽东，以其子尚之信承袭爵位继续坐镇广东。

■ 清代骑兵

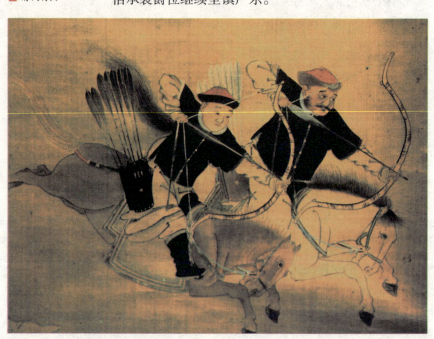

■ 吴三桂 （1612—1678），字长伯，一字月
所，辽东人，明末清初著名政治军事人物，吴
周政权建立者。吴三桂少年英挺，善骑射。
1644年，他投降清政府，引清军入关，被封为
平西王。1673年，叛清，首发三藩之乱。病死
后其孙吴世璠继其皇帝位。

　　玄烨抓住这一时机，同意他
告老，但不允许其子袭爵，命令
其尽撤藩兵回籍。

　　这道命令触动了吴、耿二
藩，他们也不得不请求撤藩，一
方面试探朝廷的态度，一方面积
极准备叛乱。

　　当时朝廷大臣意见不一，大
多数人认为一撤藩，势必引起反抗，反对撤藩。

　　康熙玄烨认为，藩镇久握重兵，势成尾大，现在
撤也反，不撤也反，不如先发制之。于是将计就计，
同意吴三桂和耿精忠所请，毅然下令撤藩。

　　撤藩令一下，吴三桂就在云南发动叛乱，发檄文
指斥清政府，声称要"共举大明之文物，悉还中夏之
乾坤"。自称"天下都招讨兵马大元帅"，打起"复
明"的旗号，以欺骗人民。叛军很快攻进湖南。

　　1674年春，耿精忠据福建反叛。不到半年，清政
府的滇、黔、湘、川、桂、闽6省全部失掉。1676年
初，尚之信据广东反叛。接着，战乱扩大到赣、陕、
甘等省。

　　吴三桂等人的反叛消息传到北京，举朝震动。大
学士索额图提出惩处主张撤藩的人，取消撤藩令。

索额图 （1636—
1703），赫舍里
氏，满洲正黄旗
人，世袭一等
公。先后任国史
院大学士、保和
殿大学士、议政
大臣、领侍卫内
大臣等职，曾参
与许多重大的政
治决策和活动。
康熙帝继位之
初，鳌拜擅权，
索额图辅佐计擒
鳌拜。

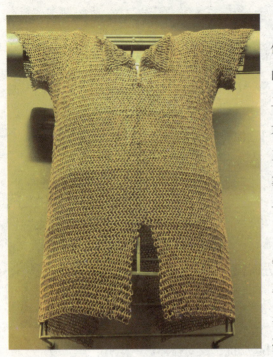

■ 清代锁子甲

康熙力排众议，对其他叛乱分子采取招抚拉拢的手法，暂时停撤耿、尚二藩，集中主要力量打击元凶吴三桂，下令剥夺吴三桂的王爵。同时，在军事上迅速制订了一套作战计划，下令讨伐。

康熙命顺承郡王勒尔锦为宁南靖寇大将军，统率八旗劲旅前往荆州，与吴军隔江对峙。又命西安将军瓦尔喀率骑兵赴蜀，大学士莫洛经略陕西。命康王杰书等率师讨伐耿精忠。又命副都统马哈达领兵驻兖州、扩尔坤领兵驻太原，以备调遣。

战争开始后，清政府方面多有失利。与之相反，叛军方面却屡屡得手。康熙玄烨依据时局，运筹帷幄，以湖南为主战场，坚决打击湖南的叛军，辅以陕、甘、川线和江西、浙东东线，三个战场相互配合，把叛军分割开来。

江西地位重要，水陆皆与闽楚接壤，决计固守。当耿精忠叛乱时，清军就有效地割断了耿、吴叛军的会合。

对西北则采取稳定策略。陕西提督王辅臣，态度暧昧，叛而附，附而又叛，甚至杀害了陕西经略莫洛。康熙以极大的耐心争取他，表示往事一概不究，极力安抚。终于在1676年把王辅臣争取了过来，保住了陕西，使吴三桂打通西北的阴谋未能得逞，清军得以腾出兵力增援南方。

又利用耿精忠同郑经的矛盾，多方招抚耿精忠，不久耿归附清廷，清收复福建。尚之信也降服，从而稳住了广东。

由于康熙处置得当，吴三桂失去了外援，军事上完全陷于孤立。这样，战争的优势逐渐转到清军方面来了。

陕西、福建、广东局势稳住后，康熙便命令诸将重点进攻湖南。

清军从荆州江北和江西两方面展开进攻。尤其是从江西方面迂回间道破袁州，又自醴陵攻萍乡，乘胜直指长沙，震动了湖南。

吴三桂急忙率领松滋等长江湖口前线驻军回援长沙，全力据守。此时，康熙乘吴军全力固守长沙而湖口各路守备空虚之机，命清军自荆州渡江进攻，吴军溃败。

战势对叛军更加不利。势穷力竭的吴三桂为了鼓舞士气，在衡州称帝，国号"大周"，改元昭武，改衡州为定天府。

但这一招并未起什么作用，他坐困衡州，一筹莫展，不久便病死了。部将迎其孙吴世璠即帝位，改元洪化，退居贵阳。

清军乘势发动攻击，1679年，清军平岳州、常德、长沙、衡州等

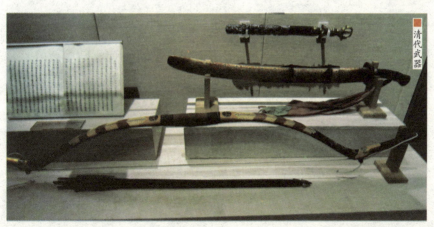

清代武器

清代将军服饰

地后，恢复了湖南全省，同时收复广西。1680年，克汉中，定成都，取重庆，收复四川。

1681年初，清军收复贵州、彰泰开始进入云南。赖塔率师由广西抵云南。同年秋，清将赵良栋率师由四川至云南，与另两路先期抵达的军队会合，加紧围攻昆明。

此时，被清军俘获后发给银粮返还原籍的苗族兵将，纷纷帮助清军。不久，昆明城中，粮尽援绝，南门守将开门迎降，吴世璠服毒自杀，云贵悉平。

至此，平定"三藩"叛乱战争结束。

在这次战争中，康熙玄烨表现了杰出的政治、军事才能。他指挥有方，处置得当，临危不躁，谨慎地对待战局的变化，不急于求成，也不放过良好的进攻时机。对待将领，不论亲疏贵贱，一律赏罚严明，因而最终取得了战争的胜利。

阅读链接

平定三藩之乱，从根本上说是正义力量的胜利。

吴三桂等人发动的叛乱，目的在于搞分裂割据，得不到人民群众的支持，失败是必然的。而清朝平叛避免了国家的分裂，有利于多民族统一的国家的巩固和发展，符合人民的愿望，能得到各族人民群众的支持。

同时中央集权制力量得到加强，提高了抗御外敌的能力。此后，清廷开始致力于解决边疆问题。

弭叛息乱的噶尔丹之战

平噶尔丹之战是清朝时期康熙帝亲征准噶尔大汗噶尔丹叛乱的战役，时间是从1690年至1697年。交战结果，清军大获全胜。

从此，噶尔丹势孤力穷，历时近10年的叛乱终于得以平定。喀尔喀地区重新统一于清朝。

此战康熙帝三次亲征，最终弭叛息乱，取得了完全胜利。平定噶尔丹叛乱是一次正义之战，对于维护祖国统一、反对民族分裂具有重要的历史意义。

■ 康熙帝画像

准噶尔部 是厄拉特蒙古的一支部落。17世纪至18世纪时，准噶尔部控制天山南北，在西起巴尔喀什湖，北越阿尔泰山，东到吐鲁番，西南至吹河、塔拉斯河的广大地区，建立了史上最后的游牧帝国。清代，因大汗噶尔丹的分裂行为被清军重创。

明末清初，我国北方的蒙古族准噶尔部势力渐强，随着势力范围的不断扩大，准噶尔部大汗噶尔丹分裂割据的野心愈益膨胀。

1688年，噶尔丹亲率骑兵3万人自伊犁东进，越过杭爱山，进攻清政府管辖的喀尔喀，占领了整个喀尔喀地区。喀尔喀的三部首领仓皇率众数十万分路东奔，逃往漠南乌珠穆沁一带，向清政府告急，请求保护。

康熙一面把他们安置在科尔沁放牧，一面责令噶尔丹罢兵西归。但噶尔丹气焰嚣张，置之不理，反而率兵乘势南下，深入乌珠穆沁境内。

对于噶尔丹的猖狂南犯，康熙一面下令就地征集兵马，严行防堵，一面调兵遣将，准备北上迎击。

1690年六月，康熙决定亲征，其部署是分兵两路出击：左路军出古北口，右路军出喜峰口，从左右

■ 清代士兵蜡像

两翼迂回北进，消灭噶尔丹军于乌珠穆沁地区。康熙
亲临博洛和屯指挥。同时令盛京将军、吉林将军各率
所部兵力，西出西辽河、洮儿河，与科尔沁蒙古兵会
合，协同清军主力作战。

■ 清代战争场景

　　清右路军北进至乌珠穆沁境遇噶尔丹军，交战不
利南退。噶尔丹乘势长驱南进，渡过沙拉木伦河，进
抵乌兰布通。清左路军也进至乌兰布通南。

　　康熙急令右路军停止南撤，与左路军会合，合击
噶尔丹于乌兰布通，并派兵一部进驻归化城，伺机侧
击噶尔丹于归路。

　　马兰布通位于克什克腾旗，即今内蒙古翁牛特旗
西南。该地北面靠山，南有高凉河，地势险要。噶
尔丹背山面水布阵，将万余骆驼缚蹄卧地，背负木
箱，蒙以湿毡，摆成一条如同城栅的防线，谓之"驼
城"，令士兵于驼城之内，依托箱垛放枪射箭。

　　清军以火器部队在前，步骑兵在后，隔河布阵。

吉林将军 全称
"镇守吉林乌拉
等地方将军"。
东北地区三个将军
之一。原为正一品
武职，后降为从一
品武职。驻于吉林
乌拉，就是今吉林
省吉林市。辖今吉
林省东部、黑龙江
省东部和俄罗斯滨
海边疆区全部、哈
巴罗夫斯克边疆区
东南部，为"三
将军"中辖域最
大者。

■ 清代火炮

乌兰布通 位于克什克腾旗之西，今内蒙古翁牛特旗西南。1690春，准噶尔部噶尔丹率叛军抵达乌兰布通，以上万头骆驼摆成一条防线，称为"驼城"，康熙帝聚集十万之众一举击溃。这就是乌兰布通之战。

八月初一中午，交战开始。

清军首先集中火铳火炮，猛烈轰击驼阵，自午后至日落，将驼阵轰断为二，然后挥军渡河进攻，以步兵从正面发起冲击，又以骑兵从左翼迂回侧击。

噶尔丹大败，仓皇率全部撤往山上。次日，遣使向清军乞和，乘机率残部夜渡沙拉木伦河，狼狈逃窜，逃回科布多时只剩下数千人。

经过此役，噶尔丹实力大损，曾被其征服的回部、青海、哈萨克各部纷纷投向清军。此役使蒙古全境出现了平静局面。

噶尔丹自乌兰布通失败后，叛乱之心未死，他以科布多为基地，招集散亡人员，企图重整旗鼓，东山再起。

为防御噶尔丹再次进攻，康熙采取了以下措施：调整部署，加强边境守备；巡视漠北诸部，稳定喀尔喀蒙古上层，将逃居漠南的喀尔喀蒙古分为左中右三路，编为37旗；设立驿站和火器营，沟通内地与漠北地区的联络，专门训练士兵使用火铳火炮。

1694年，清政府诏噶尔丹前来会盟，噶尔丹抗命不至，反而遣兵侵入喀尔喀，康熙遂决定诱其南下，然后一战歼之。

为使此次作战顺利进行，清军在战前做了充分准备：调集兵马，征调大批熟悉情况的蒙古人为向导，随军携带5个月口粮，按每名士兵配备一名民夫4匹马的标准，组成庞大的运输队，备有运粮大车6000辆，随军运送粮食、器材；筹备大量防寒防雨器具，准备大批木材、树枝，以备在越过沙漠和沼泽地时铺路之路。

噶尔丹果然率3万骑兵自科布多东进，沿克鲁伦河东下，大举内犯。

161

决胜千里

近世时期

■ 清代士兵出征图

■ 清代武士塑像

昭莫多 位于今蒙古国乌兰巴托南宗英德。"昭莫多"蒙语意为大树林。清朝康熙帝亲征噶尔丹时，清军曾和准部叛军激战于此，清军取得昭莫多大捷。

孙思克（1628—1700），字荩臣，汉军正白旗人。康熙时期的绿营名将，平定吴三桂之乱时，立有大功，与张勇、赵良栋、王进宝合称为"河西四汉将"。

在此形势下，康熙决定再次亲征。1696年二月，康熙调集9万军队，分东中西三路进击：东路9000人，由黑龙江将军萨布素率领越兴安岭西进，出克鲁伦河实行牵制性侧击；西路4.6万人，由抚远大将军费扬古为主将，分别出归化、宁夏越过沙漠，北上切断噶尔丹西逃之路；康熙亲自率中路北上，与其他两路约期夹攻。

噶尔丹见康熙亲率精锐前来，又闻西路清军已过土剌河，有遭夹击的危险，便连夜率部西逃。

1696年五月十三日，清西路军进抵土剌河上游的昭莫多，距噶尔丹军15千米扎营。昭莫多，蒙语为大森林，位于肯特山之南，土剌河之北，汗山之东。

清抚远大将军费扬古鉴于军队长途跋涉，饥疲不堪，决定采取以逸待劳、设伏截击的方针，以一部分兵力依山列阵于东，一部分兵力沿土剌河布防于西，将骑兵主力隐蔽于树林之中；振武将军孙思克率步兵居中，扼守山顶。

战斗开始后，清军先以400骑兵挑战，诱使噶尔丹军入伏。噶尔丹果然率兵进击，企图攻占清军控制的山头。孙思克率兵据险防守，双方激战一天，不分胜负。

此时费扬古指挥沿河伏骑分兵一部分迂回敌阵，另一部分袭击其阵后家属、辎重，据守山头的孙思克部也奋呼出击。

噶尔丹军大乱，夺路北逃，清军乘夜追击15千米以外，俘歼数千人，收降3000人，击毙噶尔丹之妻。噶尔丹仅率数十骑西逃。

此战，清军利用昭莫多的地理条件，以逸待劳，设伏截击，迂回包抄，终于赢得了胜利。

在噶尔丹率军东侵喀尔喀之际，其后方基地伊犁地区被其侄策妄阿拉布坦所袭占。

策妄阿拉布坦

蒙古准噶尔汗国大汗。是准噶尔部原首领僧格之长子。1690年，噶尔丹出兵喀尔喀蒙古，策妄阿拉布坦趁此机会发兵占领了原准噶尔领土，将噶尔丹逼制在科布多无法西还。此后，策妄阿拉布坦与康熙皇帝合作，彻底击败了噶尔丹。

■ 清代炮兵作战塑像

■ 康熙皇帝亲征塑像

加之连年战争，噶尔丹精锐丧亡，牲畜皆尽，噶尔丹兵败穷蹙，无所归处，所率残部只不过数十人，且羸弱不堪，内部异常混乱。

1697年二月，康熙鉴于噶尔丹拒不投降，再次下诏亲征。噶尔丹闻讯，在众叛亲离的情况下，服毒自杀而死。至此，康熙时期平定噶尔丹叛乱之战始告结束，喀尔喀地区重新统一于清政府。

噶尔丹的失败，从根本上说，他的行动违背了我国多民族国家走向统一与巩固的历史潮流，到头来不免走上覆灭的道路。

阅读链接

清康熙皇帝平定厄鲁特蒙古准噶尔部噶尔丹叛乱后，于1703年御制两通刻碑，用以纪念平叛的胜利，表彰两寺喇嘛助战功绩。

两通石碑均用满、蒙古、藏、汉4种文字铭刻，每碑各建有一座八角攒尖顶式碑亭。碑文表彰两寺喇嘛功绩的文字稍异。

席力图召的石碑尚存原地；小召的石碑已移存内蒙古博物馆内。碑文记载了赐予小召的甲胄、宝刀，过去每年春节公开展览，名为晾甲，届时倾城出动前往观赏，今亦由内蒙古博物馆收藏。

中华精神家园书系

建筑古蕴

壮丽皇宫：三大故宫的建筑壮景
宫殿怀古：古风犹存的历代华宫
古都遗韵：古都的厚重历史遗韵
千古都城：三大古都的千古传奇
王府胜景：北京著名王府的景致
府衙古影：古代府衙的历史遗风
古城底蕴：十大古城的历史风貌
古镇奇葩：物宝天华的古镇奇观
古村佳境：人杰地灵的千年古村
经典民居：精华浓缩的最美民居

古建风雅

皇家御苑：非凡胜景的皇家园林
非凡胜景：北京著名的皇家园林
园林精粹：苏州园林特色与名园
秀美园林：江南园林特色与名园
园林千姿：岭南园林特色与名园
雄丽之园：北方园林特色与名园
亭台情趣：迷人的典型精品古建
楼阁雅韵：神圣典雅的古建象征
三大名楼：文人雅士的汇聚之所
古建古风：中国古典建筑与标志

古建之魂

千年名刹：享誉中外的佛教寺院
天下四绝：佛教的海内四大名刹
皇家寺院：御赐美名的著名古刹
寺院奇观：独特文化底蕴的名刹
京城宝刹：北京内外八刹与三山
道观杰作：道教的十大著名宫观
古塔瑰宝：无上玄机的魅力古塔
宝塔珍品：巧夺天工的非常古塔
千古祭庙：历代帝王庙与名臣庙

文化遗迹

远古人类：中国最早猿人及遗址
原始文化：新石器时代文化遗址
王朝遗韵：历代都城与王城遗址
考古遗珍：中国的十大考古发现
陵墓遗存：古代陵墓与出土文物
石窟奇观：著名石窟与不朽艺术
石刻神工：古代石刻与文化艺术
岩画古韵：古代岩画与艺术特色
家居古风：古代建材与家居艺术
古道依稀：古代商贸通道与交通

古建涵蕴

天下祭坛：北京祭坛的绝妙密码
祭祀庙宇：香火旺盛的各地神庙
绵延祠庙：传奇神人的祭祀圣殿
至圣尊崇：文化浓厚的孔孟祭地
人间天宫：非凡造诣的妈祖庙宇
祠庙典范：最具人文特色的祭祠
绝代王陵：气势恢宏的帝王陵园
王陵雄风：空前绝后的地下城堡
大宅揽胜：宏大气派的大户宅第
古街韵味：古色古香的千年古街

物宝天华

青铜时代：青铜文化与艺术特色
玉石之国：玉器文化与艺术特色
陶器寻古：陶器文化与艺术特色
瓷器故乡：瓷器文化与艺术特色
金银生辉：金银文化与艺术特色
珐琅精工：珐琅器与文化之特色
琉璃古风：琉璃器与文化之特色
天然大漆：漆器文化与艺术特色
天然珍宝：珍珠宝石与艺术特色
天下奇石：赏石文化与艺术特色

古迹奇观

玉宇琼楼：	分布全国的古建筑群
城楼古景：	雄伟壮丽的古代城楼
历史开关：	千年古城墙与古城门
长城纵览：	古代浩大的防御工程
长城关隘：	万里长城的著名关卡
雄关漫道：	北方的著名古代关隘
千古要塞：	南方的著名古代关隘
桥的国度：	穿越古今的著名桥梁
古桥天姿：	千姿百态的古桥艺术
水利古貌：	古代水利工程与遗迹

山水灵性

母亲之河：	黄河文明与历史渊源
中华巨龙：	长江文明与历史渊源
江河之美：	著名江河的文化源流
水韵雅趣：	湖泊泉瀑与历史文化
东岳西岳：	泰山华山与历史文化
五岳名山：	恒山衡山嵩山的文化
三山美名：	三山美景与历史文化
佛教名山：	佛教名山的文化流芳
道教名山：	道教名山的文化流芳
天下奇山：	名山奇迹与文化内涵

自然遗产

天地厚礼：	中国的世界自然遗产
地理恩赐：	地质蕴含之美与价值
绝美景色：	国家综合自然风景区
地质奇观：	国家自然地质风景区
无限美景：	国家自然山水风景区
自然名胜：	国家自然名胜风景区
天然生态：	国家综合自然保护区
动物乐园：	国家动物自然保护区
植物王国：	国家保护的野生植物
森林景观：	国家森林公园大博览

西部沃土

古朴秦川：	三秦文化特色与形态
龙兴之地：	汉水文化特色与形态
塞外江南：	陇右文化特色与形态
人类敦煌：	敦煌文化特色与形态
巴山风情：	巴渝文化特色与形态
天府之国：	蜀文化的特色与形态
黔风贵韵：	黔贵文化特色与形态
七彩云南：	滇云文化特色与形态
八桂山水：	八桂文化特色与形态
草原牧歌：	草原文化特色与形态

东部风情

燕赵悲歌：	燕赵文化特色与形态
齐鲁儒风：	齐鲁文化特色与形态
吴越人家：	吴越文化特色与形态
两淮之风：	两淮文化特色与形态
八闽魅力：	福建文化特色与形态
客家风采：	客家文化特色与形态
岭南灵秀：	岭南文化特色与形态
潮汕之根：	潮州文化特色与形态
滨海风光：	琼州文化特色与形态
宝岛台湾：	台湾文化特色与形态

中部之魂

三晋大地：	三晋文化特色与形态
华夏之中：	中原文化特色与形态
陈楚风韵：	陈楚文化特色与形态
地方显学：	徽州文化特色与形态
形胜之区：	江西文化特色与形态
淳朴湖湘：	湖湘文化特色与形态
神秘湘西：	湘西文化特色与形态
瑰丽楚地：	荆楚文化特色与形态
秦淮画卷：	秦淮文化特色与形态
冰雪关东：	关东文化特色与形态

节庆习俗

普天同庆：	春节习俗与文化内涵
张灯结彩：	元宵习俗与彩灯文化
寄托哀思：	清明祭祀与寒食习俗
粽情端午：	端午节与赛龙舟习俗
浪漫佳期：	七夕节俗与妇女乞巧
花好月圆：	中秋节俗与赏月之风
九九踏秋：	重阳节俗与登高赏菊
千秋佳节：	传统节日与文化内涵
民族盛典：	少数民族节日与内涵
百姓聚欢：	庙会活动与赶集习俗

民风根源

血缘脉系：	家族家谱与家庭文化
万姓之根：	姓氏与名字号及称谓
生之由来：	生庚生肖与寿诞礼俗
婚事礼俗：	嫁娶礼俗与结婚喜庆
人生遵俗：	人生处世与礼俗文化
幸福美满：	福禄寿喜与五福临门
礼仪之邦：	古代礼制与礼仪文化
祭祀庆典：	传统祭典与祭祀礼俗
山水相依：	依山傍水的居住文化

衣食天下

衣冠楚楚：	服装艺术与文化内涵
凤冠霞帔：	佩饰艺术与文化内涵
丝绸锦缎：	古代纺织精品与布艺
绣美中华：	刺绣文化与四大名绣
以食为天：	饮食历史与筷子文化
美食中国：	八大菜系与文化内涵
中国酒道：	酒历史酒文化的特色
酒香千年：	酿酒遗址与传统名酒
茶道风雅：	茶历史茶文化的特色

国风美术

丹青史话：	绘画历史演变与内涵
国画风采：	绘画方法体系与类别
独特画派：	著名绘画流派与特色
国画瑰宝：	传世名画的绝色魅力
国风长卷：	传世名画的大美风采
艺术之根：	民间剪纸与民间年画
影视鼻祖：	民间皮影戏与木偶戏
国粹书法：	书法历史与艺术内涵
翰墨飘香：	著名书法名作与艺术
行书天下：	著名行书精品与艺术

汉语之魂

汉语源流：	汉字汉语与文章体类
文学经典：	文学评论与作品选集
古老哲学：	哲学流派与经典著作
史册汗青：	历史典籍与文化内涵
统御之道：	政论专著与文化内涵
兵家韬略：	兵法谋略与文化内涵
文苑集成：	古代文献与经典专著
经传宝典：	古代经传与文化内涵
曲苑音坛：	曲艺说唱项目与艺术
曲艺奇葩：	曲艺伴奏项目与艺术

博大文学

神话魅力：	神话传说与文化内涵
民间相传：	民间传说与文化内涵
英雄赞歌：	四大英雄史诗与内涵
灿烂散文：	散文历史与艺术特色
诗的国度：	诗的历史与艺术特色
词苑漫步：	词的历史与艺术特色
散曲奇葩：	散曲历史与艺术特色
小说源流：	小说历史与艺术特色
小说经典：	著名古典小说的魅力

歌舞共娱

古乐流芳：古代音乐历史与文化
钧天广乐：古代十大名曲与内涵
八音古乐：古代乐器与演奏艺术
鸾歌凤舞：古代大曲历史与艺术
妙舞长空：舞蹈历史与文化内涵
体育古项：体育运动与古老项目
民俗娱乐：民俗运动与古老项目
刀光剑影：器械武术种类与文化
快乐游艺：古老游艺与文化内涵
开心棋牌：棋牌文化与古老项目

科技回眸

创始发明：四大发明与历史价值
科技首创：万物探索与发明发现
天文回望：天文历史与天文科技
万年历法：古代历法与岁时文化
地理探究：地学历史与地理科技
数学史鉴：数学历史与数学成就
物理源流：物理历史与物理科技
化学历程：化学历史与化学科技
农学春秋：农学历史与农业科技
生物寻古：生物历史与生物科技

文化标记

龙凤图腾：龙凤崇拜与舞龙舞狮
吉祥如意：吉祥物品与文化内涵
花中四君：梅兰竹菊与文化内涵
草木有情：草木美誉与文化象征
雕塑之韵：雕塑历史与艺术内涵
壁画遗韵：古代壁画与古墓丹青
雕刻精工：竹木骨牙角匏与工艺
百年老号：百年企业与文化传统
特色之乡：文化之乡与文化内涵

杰出人物

文韬武略：杰出帝王与励精图治
千古忠良：千古贤臣与爱国爱民
将帅传奇：将帅风云与文韬武略
思想宗师：先贤思想与智慧精华
科学鼻祖：科学精英与求索发现
发明巨匠：发明天工与创造英才
文坛泰斗：文学大家与传世经典
诗神巨星：天才诗人与妙笔华篇
画界巨擘：绘画名家与绝代精品
艺术大家：艺术大师与杰出之作

戏苑杂谈

梨园春秋：中国戏曲历史与文化
古戏经典：四大古典悲剧与喜剧
关东曲苑：东北戏曲种类与艺术
京津大戏：北京与天津戏曲艺术
燕赵戏苑：河北戏曲种类与艺术
三秦戏苑：陕西戏曲种类与艺术
齐鲁戏台：山东戏曲种类与艺术
中原曲苑：河南戏曲种类与艺术
江淮戏话：安徽戏曲种类与艺术

千秋教化

教育之本：历代官学与民风教化
文武科举：科举历史与选拔制度
教化于民：太学文化与私塾文化
官学盛况：国子监与学宫的教育
朗朗书院：书院文化与教育特色
君子之学：琴棋书画与六艺课目
启蒙经典：家教蒙学与文化内涵
文房四宝：纸笔墨砚及文化内涵
刻印时代：古籍历史与文化内涵
金石之光：篆刻艺术与印章碑石

悠久历史

古往今来：历代更替与王朝千秋
天下一统：历代统一与行动韬略
太平盛世：历代盛世与开明之治
变法图强：历代变法与图强革新
古代外交：历代外交与文化交流
选贤任能：历代官制与选拔制度
法治天下：历代法制与公正严明
古代税赋：历代赋税与劳役制度
三农史志：历代农业与土地制度
古代户籍：历代区划与户籍制度

信仰之光

儒学根源：儒学历史与文化内涵
文化主体：天人合一的思想内涵
处世之道：传统儒家的修行法宝
上善若水：道教历史与道教文化

梨园谱系

苏沪大戏：江苏上海戏曲与艺术
钱塘戏话：浙江戏曲种类与艺术
荆楚戏台：湖北戏曲种类与艺术
潇湘梨园：湖南戏曲种类与艺术
滇黔好戏：云南贵州戏曲与艺术
八桂梨园：广西戏曲种类与艺术
闽台戏苑：福建戏曲种类与艺术
粤琼戏话：广东戏曲种类与艺术
赣江好戏：江西戏曲种类与艺术

传统美德

君子之为：修身齐家治国平天下
刚健有为：自强不息与勇毅力行
仁爱孝悌：传统美德的集中体现
谦和доли：为人处世的美好情操
诚信知报：质朴道德的重要表现
精忠报国：民族精神的巨大力量
克己奉公：强烈使命感和责任感
见利思义：崇高人格的光辉写照
勤俭廉政：民族的共同价值取向
笃实宽厚：宽厚品德的生活体现

历史长河

兵器阵法：历代军事与兵器阵法
战事演义：历代战争与著名战役
货币历程：历代货币与钱币形式
金融形态：历代金融与货币流通
交通巡礼：历代交通与水陆运输
商贸纵观：历代商业与市场经济
印纺工业：历代纺织与印染工艺
古老行业：三百六十行由来发展
养殖史话：古代畜牧与古代渔业
种植细说：古代栽培与古代园艺

强健之源

中国功夫：中华武术历史与文化
南拳北腿：武术种类与文化内涵
少林传奇：少林功夫历史与文化